我
思
·COGITO·

Чéхов

契诃夫传

扎伊采夫
俄罗斯文学名家传记系列

（俄）鲍里斯·扎伊采夫—著
刘溪—译

GUANGXI NORMAL UNIVERSITY PRESS
广西师范大学出版社
·桂林·

契诃夫传
QIHEFU ZHUAN

策　　划：我思 Cogito
特约策划：赵黎君
责任编辑：韩亚平
封面设计：关　于
内文制作：王璐怡

图书在版编目（CIP）数据

契诃夫传/ （俄罗斯）鲍里斯·扎伊采夫著；
刘溪译. -- 桂林：广西师范大学出版社, 2023.8
（扎伊采夫俄罗斯文学名家传记系列）
ISBN 978-7-5598-5967-9

Ⅰ. ①契… Ⅱ. ①鲍… ②刘… Ⅲ. ①契诃夫
（Chekhov, Anton Pavlovich 1860-1904）—传记
Ⅳ. ①K835.125.6

中国国家版本馆 CIP 数据核字（2023）第 061279 号

广西师范大学出版社出版发行
（ 广西桂林市五里店路 9 号　邮政编码：541004 ）
　网址：http://www.bbtpress.com
出版人：黄轩庄
全国新华书店经销
山东韵杰文化科技有限公司印刷
（山东省淄博市桓台县　邮政编码：256401）
开本：850 mm × 1168 mm　1/32
印张：8.625　　　　　字数：180 千
2023 年 8 月第 1 版　　2023 年 8 月第 1 次印刷
定价：60.00 元

CONTENTS

目 录

译 序

刘 溪

　　文学评论、传记和回忆录是俄罗斯侨民作家群体热衷的文学体裁。20世纪俄罗斯第一次移民浪潮中的许多作家都将保护本民族的传统文化视为自己的使命。这种沉重的历史责任感以及对已逝去的俄罗斯的思念导致许多流亡作家成为俄罗斯文学史家和文学评论家，在扎伊采夫、纳博科夫、霍达谢维奇等人的创作中文学批评都占有重要地位。鲍里斯·康斯坦丁诺维奇·扎伊采夫（1881—1972）一生写下了大量俄罗斯作家作品的评论文章、回忆录和传记小说，其中最能体现其文学观念的是他于20世纪30—50年代创作的三部作家传记：《屠格涅夫传》《茹科夫斯基传》《契诃夫传》。

　　在灿若星河的俄罗斯文学史中，为何扎伊采夫更偏爱这三位作家？他们的哪些方面吸引了他呢？一方面，扎伊采夫意图创造一个自己版本的19世纪俄罗斯文学史。在他看来，俄罗斯文学的世俗化正是从茹科夫斯基开始，在屠格涅夫那里兴盛，到契诃夫那里结束的。在传记中，扎伊采夫不仅仅将几位作家的艺术方向和文学价值放在首位，而且着力阐释他们的道德品质和精神世界，以此拉近家喻户晓的俄罗斯经典作家与民族圣徒的距离，并赋予他们以祖国传统精神文化守护者的职责。另一方面，许多研究者都注意到了传主与作者的接近。扎伊采夫在撰写传记时，常常将传主与自己的人生经历和精神世界联系起来，借以阐发深刻的哲理。许多相似的传记细节——从出生日期的巧合[1]到孤独的流浪者和沉思者的命运，以及冷清的内心和安静的性格——都将作者与他的传记主人公们联系在一起，成为作者身份认同的动机。可以说，扎伊采夫在一定程度上美化了传记中作家主人公们的道德和宗教方面，并在其中找到了构建自己生活文本的模型，借以探求俄罗斯文化的根源，表达自己的艺术理念和心灵追求。

扎伊采夫对契诃夫的兴趣很早就出现了。在 20 世纪20—60 年代，扎伊采夫发表了十几篇关于契诃夫的文章，其中包括回忆录式特写《纪念契诃夫》（1931），一系列周年纪念文章，对契诃夫小说、戏剧的评论等。《契诃夫传》是扎伊采夫所写的传记三部曲中的最后一部，于 1954 年在契诃夫逝世 50 周年之际单独出版。在创作这部作品时，扎伊采夫写作文学传记的艺术手法已然纯熟。虽然其文学传记保留了传统传记的形式特征（按照时间顺序构建叙事，按照主人公一生的主要时期进行章节划分，记述其从出生

---

1 茹科夫斯基、契诃夫和扎伊采夫均出生于 1 月 29 日。茹科夫斯基——俄历 1783 年 1 月 29 日，契诃夫——公历 1860 年 1 月 29 日，扎伊采夫——俄历 1881 年 1 月 29 日。

到死亡的过程），但在体裁上独具特色，甚至颇有开创性。扎伊采夫所创作的文学传记既不同于历史的、学术性的人物传记，也不同于虚构的传记小说，而是介于两者之间：其文学传记既建立在文献真实的基础上，也加入了文学渲染和作者个人主观化的理解，并主要致力于对传主精神世界的探索。

扎伊采夫的传记首先立足于文献资料，在《契诃夫传》中大量引用了契诃夫与他人的通信以及同时代人的回忆录，力图真实可靠地再现过去时代的日常背景和典型细节，以事实为依据揭示出契诃夫的人生历程与精神成长。但在对文献资料的把握上，该作品又有别于普通的人物传记，以艺术性的剪裁和扩充突出重点。作者不是面面俱到，而是淡化对历史事件、社会背景的描写，着重选取了对传记主人公生平有重要影响的事件、人际交往、文学创作及作品评价等，精心刻画对传主个性起决定作用的事实，通过一些细节小事来揭示作家的内心，从而使传记主人公的形象生动而富有感染力。

虽然传记主人公是在鲜明的社会环境和历史背景下描绘的，但扎伊采夫将人的存在分为"外部"（事件）和"内部"（心灵的成长），并更喜欢研究后者。扎伊采夫的文学传记并没有将复原人物生平作为主要任务，而是一种"心理化的传记"，主要表现出了对所描绘的作家主人公三个方面的显著兴趣：心灵生活，明显的或隐藏的宗教情感，以及创作的潜意识基础。传记中作家主人公的形象是通过揭示其心理面貌和精神发展过程来建立的，这也使得扎伊采夫的文学家传记中有着鲜明的古罗斯文学使徒行传的体裁特征。

与其他两部传记一样，《契诃夫传》中也突出了道路、旅行、流浪的主题，重点记述了契诃夫一生在地理空间上的变换，并将此作为其人生道路的隐喻。这在章标题中就能清晰看到："烟囱广场""在旅途中""萨哈林岛""假期""梅里霍沃的第一年""重返梅里霍沃""雅尔塔""最后的旅行"——书中竟有一半的章节是以地点、旅行命名的。扎伊采夫花了大量篇幅叙述了契诃夫在俄国国内和世界各地的旅行，并十分注重对其旅行途中心境的阐释。如文中讲到1888年7月契诃夫与苏沃林一同在黑海沿岸的旅行是愉悦的（这发生在《草原》问世并大获成功的那一年），充满了新鲜感的："有多少前所未见的大自然的富饶与壮美，有多少新鲜的会面和印象。"而半年后，1889年2月契诃夫前往敖德萨和雅尔塔的旅行则是沮丧的，因为这发生在他的哥哥尼古拉去世不久后，当时他正被悲伤所折磨。

以往人们最为关注的乃是契诃夫于1890年前往萨哈林岛（即库页岛，见本书第91页注释）的旅行。在文中，扎伊采夫同样记述了这次意义重大的旅行，并将其放在作家整体的创作和心理的背景下，分析了契诃夫前往萨哈林岛旅行的动机，沿途见闻以及此次旅行对于契诃夫创作转向和精神探索的意义。扎伊采夫认为，前往萨哈林岛的旅程强烈地唤醒了他。正是在萨哈林岛之行以后，契诃夫内心所一直怀有的仁爱之心才得以施展。

与萨哈林岛的艰难旅行相对照的是，文中还记述了契诃夫的多次欧洲旅行。在扎伊采夫的笔下，契诃夫无疑是一位不断期待新世界和新鲜会面的旅行爱好者。契诃夫的第一次欧洲之旅是1891年3月至4月与苏沃林一家的旅行，他们一同参观了维也纳、威尼斯、佛罗伦萨、罗马、那不勒斯、庞贝、尼斯、蒙特卡洛、巴黎等地。扎伊采夫指出，这次旅行发生在契诃夫从萨哈林岛回来后不久，是一场舒缓心情之旅。同时，这也是从小在闭塞环境下长大的契诃夫与欧洲的第一次相遇，他敏锐地感知旅途中的所见所闻，罕见而热情洋溢地在信中抒发自己激动的心情。此后，契诃夫又在1894年、1897年、1900年、1904年多次前往欧洲旅行。扎伊采夫尤其强调了契诃夫对意大利的好感，从1891年契诃夫第一次参观罗马，"意大利给他留下了深刻的印象——这一俄罗斯传统是从果戈理和茹科夫斯基的时代到屠格涅夫，再到梅列日科夫斯基和一群现代主义者那里一直流传下来的——没有坚持任何传统的契诃夫仍然还是遵从了这一传统"。他引述了契诃夫对意大利心怀向往的感慨："这是一个迷人的国家。如果我是一个孤独的艺术家并且有钱，那么我会在这里过冬。要知道意大利……是唯一一个让您确信艺术实际上是一切之王的国家，而这种信念会让您精神抖擞。""这里很棒。那些没来过意大利的人并没有真正地生活过。"在扎伊采夫的描述下，契诃夫在去世的两周前还在"被意大利深深地吸引"，不切实际地想要再次去那里旅行。毋庸置疑，作者扎伊采夫与意大利有着特殊的感情联系，意大利可谓他的第二个精神故乡。（"他有两个灵魂：一个是古希腊的崇拜者，一个是拜占庭东正教的忏悔者。"[1] 19 世纪的意大利已然成为俄罗斯作家和艺术家的朝圣之地，俄罗斯文化的"意大利文本"正是起源于茹科夫斯基，扎伊采夫按照如下方式构建了这一继承路线：茹科夫斯基、果戈理、丘特切夫、屠格涅夫、梅列日科夫斯基、契诃夫，最后是扎伊采夫本人。扎伊采夫通过 19 世纪俄罗斯文学的棱镜抒发了他对意大利的热爱，同时也在以此寻找自己与经典作家们的共性。

文中还描述了契诃夫一家辗转各地的迁居生活："契诃夫家差不多每年都更换住所：他们在春天离开，废弃了旧公寓，并在秋天毫不费力地找到一座新公寓。在 1885 年，他们住在斯列坚卡大街，在 1886 年已经搬去了亚基曼卡大街克利缅科夫家的房子里。1888 年又换了个新地址：库德林花园大街上的科尔涅耶夫家里。"到了 1892 年契诃夫在梅里霍沃购置了一处房产，全家都搬到这里居住，他也终于安定下来。但七年后他仍然不得不卖掉房产，为了疗养而迁居雅尔塔。此后他像候鸟一般常年在莫斯科和雅尔塔两地之间辗转。在人生的最后几年，虽然已经声名远播，但契诃夫感受到的仍是孤独和无奈的痛苦。日益加重的无可救药的病情和对新婚妻子克尼碧尔的思念融合在一起，更加重了契诃夫的孤独寂寞。"我感觉，我已经在雅尔塔住了一百年了。"《三姐妹》中的三个姐妹"到莫斯科去，到莫斯科去……"的呼喊也是作者契诃夫本人的哀泣。

通过扎伊采夫的描述，总体来说形成了这样一种印象，

1 Федор Степун. Встречи : Достоевский - Л. Толстой. Бунин - Зайцев - В. Иванов. Белый — Леонов. Изд 2-е. Нью-Йорк, Товарищество зарубеж. писателей, 1968:130.

契诃夫仿佛一个"被迫的流浪者",一生都难以安顿下来，总是被迫或不由自主地迁徙。这很容易让人想到扎伊采夫作为一位移民作家与传主相似的境遇和心理体验。道路主题在侨民作家们远离故土、侨居国外期间有着重要意义，常成为其思想与创作的源泉。对于许多侨民作家来说，流亡国外也被视为一次旅行，失去原有空间的一种应激反应是游荡主题的反复出现。扎伊采夫在他的回忆录中曾多次强调，尽管他在巴黎生活了几十年，但那里从未成为他的家。相较之下，雅尔塔虽然风景美丽、气候宜人，可对于契诃夫来说却像一个难以忍受又无法挣脱的牢笼。扎伊采夫无疑在通过传主经历的讲述来抒发自己相似的人生体验的悲伤与无奈。

在对契诃夫的个性进行塑造时，扎伊采夫也关注其爱情经历，着重描述了契诃夫生命中几段不同类型的恋情，如面对女作家阿维洛娃苦苦迷恋的周旋与躲避，与莉卡忽远忽近、扑朔迷离的恋爱游戏和在生命即将走向尽头时与克尼碧尔的钟情热恋，从而突出表现了契诃夫心灵的复杂性。扎伊采夫认为，"这位以写作为生的艺术家过于珍视个人的自由，太容易受到漫不经心的爱欲的吸引，对女性的温柔予以回应，但感情却不深刻"。这导致契诃夫虽然对莉卡怀有爱意，却始终无法迈出决定性的一步。"但莉卡仍然是第一个在契诃夫心中留下痕迹的女人，他真实的心灵故事始于莉卡，只是他在这段感情中没有完全祖露自己，而是将其部分地转移到了《海鸥》之中。"而与克尼碧尔的热恋则是契诃夫在生命即将走到尽头时，对于爱、激情与生命的一种强烈渴望的集中体现："正是当下，在生命的日落之时，心脏的跳动也许才会变得异常猛烈。"
两者的巨大差异更凸显了契诃夫在这一感情中的悲剧性："她（克尼碧尔）年轻、健康，充满着迷人的魅力；安东·帕夫洛维奇即使名满天下——但已然是半个残废。"在对契诃夫与克尼碧尔的感情生活的描述中，扎伊采夫保持着一贯的轻描淡写的语气，没有交代过多的细节，但还是能让人感觉到其中暗含着对契诃夫的怜惜和对克尼碧尔的些许抱怨：一个是长久孤独地生活在雅尔塔，忍受病痛和思念的折磨，已然病入膏肓，却还要在催促中不断写剧本的契诃夫；一个是不停地在莫斯科和各地巡演，虽然心怀愧疚，但仍然难以为了契诃夫暂时放弃演艺事业的克尼碧尔。扎伊采夫无疑是站在契诃夫这一边的，但总的来说，作者对于契诃夫的感情生活并没有做过多的介入，他的侧重点不在这里。

在这部文学传记中，贯穿始终的线索是对于契诃夫潜在的宗教信仰的揭示。这种解读乍一看似乎并不完全合理，但随着扎伊采夫对契诃夫理解与阐释的深入，总体上仍是令人信服的。

一直以来都存在着对契诃夫的种种指责，认为在契诃夫的创作中，"看不到对'思想领域里的知识'的爱好，缺乏理解神圣的逻各斯的内在力量；……缺乏宗教意义上的先知性和明确的道德说教，既没有把人提升到日常生活之上的崇高的精神意义，也没有让人凝视到眩晕的'深渊'。文学批评界在契诃夫19世纪80—90年代的作品里找到的是无思想性、悲观主义、作者对所描绘的东西的漠不关心……缺乏思想。"[1]而扎伊采夫则认为，契诃夫的内心并没有腐化堕落或是怀有虚无主义。扎伊采夫不同意将契诃夫视为"阴郁时代的诗人""暮色情绪的创造者"。与同时代的评论者相比，扎伊采夫与布宁对契诃夫的评价相距甚远，在布宁那里契诃夫是一个"忏悔的无神论者"[2]，扎伊采夫更是完全不同意舍斯托夫将契诃夫称为"扼杀人类希望的绝望的歌手"[3]。无论是布宁还是舍斯托夫都驳斥了契诃夫的宗教信仰，而在扎伊采夫看来，契诃夫是一个"寻求中的基督徒"，他的任务完全不是"毁灭"，而是恰好相反，是以仁慈的态度对待弱者和不幸者。虽然契诃夫没有信仰，没有来自心灵深处的对于宗教的天然情感，基督教的神秘主义及其先验性并不适合他，但在契诃夫身上存在着一种大多数人都没有注意到的，无意识的但深厚的宗教情感。虽然契诃夫曾多次表达过对宗教信仰的否定态度，但却不妨碍他的心灵一直都是具有宗教属性的。对扎伊采夫非常重要的是，在信仰问题上，契诃夫并非冷漠视之。在扎伊采夫的总体思路的背景下，"俄罗斯忧郁的歌手"被列入俄罗斯文学圣人的万神殿并不奇怪。扎伊采夫从契诃夫命运的缝隙中看出了真正的献身精神，自豪地背负十字架和创造性的服务。

在关于契诃夫受到宗教影响的论述上，扎伊采夫首先

---

1 徐乐：《契诃夫的创作与俄国思想的现代意义》，中国社会科学出版社，2017年，第17页。

2 Калганникова И.Ю., «От реализма к модернизму»: о динамике творческого диалога А. П. Чехова и Б. К. Зайцева создателя биографии «Чехов». // МИР НАУКИ, КУЛЬТУРЫ, ОБРАЗОВАНИЯ, 2009 (03) 15:52.

3 （俄）列夫·舍斯托夫著，方珊译：《开端与终结》，云南人民出版社，1998年，第8页。

关注的是童年时期的家庭教育对契诃夫的影响（在三部传记中，扎伊采夫都特别关注作家的童年、家庭关系和家庭教育所奠定的个人精神世界的基础）。扎伊采夫论述了父亲帕维尔·叶戈里奇严苛的宗教教育对契诃夫的影响。扎伊采夫既强调契诃夫的父亲是在内心深处有着鲜活的东正教的虔诚教徒，也承认"帕维尔·叶戈洛维奇给孩子们进行的宗教教育惨遭失败，这是不争的事实……正是他竭力的宗教引导反而造就了一些没有信仰的怀疑论者……"虽然帕维尔·叶戈里奇给孩子们强加的宗教教育是不成功的，甚至把契诃夫逼到了科学主义、理性主义这一边，但扎伊采夫仍然认为，早年奠定的精神世界的基础一直在深层次发生作用："父亲和母亲的基督教世界仍然在他的内心深处隐秘地生长。"

在扎伊采夫的文学传记中还包括文学批评的成分，其中涉及两个方面，一是对一系列作品的宗教内涵的阐释，二是通过分析作品揭示契诃夫的创作心理和心灵本质。

在扎伊采夫看来，《草原》《没意思的故事》《决斗》《在峡谷里》《主教》属于契诃夫第一序列的、凭借其一生练就的朴实无华的完美境界写就的最杰出的作品。这些作品不只在艺术上是非凡的，也达到了很高的精神高度。作者认为，《草原》非常质朴又独具特色，有着关于果戈理的草原的记忆，是形成大师早期风格的奠基之作。《没意思的故事》是一部艺术上非凡的、里程碑式的决定命运的杰作。《在峡谷里》和《主教》则是契诃夫的所有创作中水平最高的和最深刻的，也是他临终前的遗作："词语运用的完美在这里已经达到了极限，永远都是隐蔽的感情力量也登峰造极。"

扎伊采夫反对以传统的文化历史观来看待文学现象，认为其没有充分关注作家的个性和读者的情感。他坚信作家的个性与作品之间存在直接联系，将文学作品解读为作家灵魂运动的无意识反映。因此，对于契诃夫复杂的心灵构造和无意识但深厚的宗教根源，作者通常是结合对其作品的分析来揭示的。《契诃夫传》中涉及的作品评论，通常只是简短地给出一般性的评价和情绪的分析，并且总是伴随着对作家精神本质的反思。

扎伊采夫经常将作品中的人物体验与作家的精神世界联系起来。他认为，具有自传性色彩的小说《没意思的故事》在契诃夫的心灵史中占有重要的位置。契诃夫乔装成这个即将离世的教授，表达了自己思想上的矛盾。《没意思的故事》中的老教授虽然既有才华又有名望，有深爱着他的家人，然而在生命的尽头，他却感到空虚、沮丧和一望无尽的黑暗。在"生命的尽头"他才意识到自己缺少"真正的上帝"，一直都没有"总体的思想"："'没有总体的观念！'最好是说信仰，甚至是上帝。我们无法解开世界的秘密，但我们必须为之服务。但为此，有必要感知到某种高于科学、艺术和哲学的东西。"在扎伊采夫看来，也正是从这部作品以后，作为艺术家和一个人的契诃夫杀死了医生契诃夫，神秘主义和宗教意识在契诃夫的心灵中开始占据上风。

在解读作品时，扎伊采夫着重挖掘了契诃夫具有基督教精神的仁爱之心。扎伊采夫认为，契诃夫在梅里霍沃和雅尔塔创作的所有著作——《农民》《我的一生》《万尼亚舅舅》《在峡谷里》和《主教》——都来源于对人的同情和怜悯。因此，"作为一位以其内心的巨大能量写出《在峡谷里》中的丽巴，留下那些让人难以忘怀的描述的艺术家，他不可能是一个冷漠的人。"同时，扎伊采夫也并没有否认契诃夫内心理性、冷漠的一面，强调他的心灵世界是双重的、隐蔽的，他心中的思想是模棱两可的："总的来说他是具有双重人格的。关于他的一切都不太容易，更确切地说，是很难下论断的。他的发展和成熟都在沿着两条路径延伸。他是医生，也是作家，一直以来两者之间的矛盾并没有缓解。"对于一系列永恒问题——上帝、死亡、命运、死后的世界，成熟既没有给契诃夫带来明确性，也没有给他提供解决的方案，但也"恰恰是这种分裂造成了他思想上的摇摆性和忧愁"。作为一个人、一个怀疑者的契诃夫也许比其他人更接近于受难者。而这种精神上的流浪，思想意识的矛盾，对宗教理想的迷茫，并没有将契诃夫引向绝望和残酷，而是让其走向谦卑和仁爱，让其将寻找永恒的真理作为终极目的。也因此，契诃夫作品中的未来并没有乌托邦社会的色调，而是相反，"获得了价值论的特征和救赎的迹象"[1]，正如契诃夫在《三姐妹》里借人物之口所表达的："世上的一切，都应当一点一点地改变，而且这种改变已经正在我们眼前进行着呢。再过两百年，三百年，即或是一千年——……就会有一种新的、幸福的生活。……创造那种生活的应该是我们，而这也才是我们

1　Калганникова И.Ю., «От реализма к модернизму»: о динамике творческого диалога А. П. Чехова и Б. К. Зайцева создателя биографии «Чехов». // МИР НАУКИ, КУЛЬТУРЫ, ОБРАЗОВАНИЯ, 2009 (03) 15:53.

生存的目的，我甚至要说，这也才是我们的幸福。"

　　《契诃夫传》体现了扎伊采夫象征主义批评和宗教批评的底蕴，也具有俄罗斯侨民作家群体经典作家研究的独特视野和印象派美学的修辞风格。扎伊采夫《契诃夫传》的创新之处在于对契诃夫隐蔽的宗教信仰的深入阐释，可以说弥补了长久以来苏联本土学术界对契诃夫宗教问题研究的不足，也逐渐成为俄罗斯和西方研究契诃夫宗教性问题的奠基之作。

契诃夫传

安东·帕夫洛维奇·契诃夫在雅尔塔

遥远的年代

　　这是一个名为奥利霍瓦特卡的地方，它位于沃罗涅日省的偏僻县城奥斯特罗戈日斯克，是一处广袤无尽的荒凉之地。直到 18 世纪才有人来此定居。在 18 世纪许许多多的迁徙者中出现了叶夫斯特拉季·契诃夫这个名字：这是一位来自北方的，定居在奥利霍瓦特卡的庄稼人。

　　充满着传奇色彩的故事是从叶夫斯特拉季这一名字开始的。他是一个作风老派、天生精力旺盛的人。正是叶夫斯特拉季建立了契诃夫家族的"王朝"——这个在一百五十余年间五代务农，与土地和人民有着不可分割的联系的家族。随后奥利霍瓦特卡变得越发拥挤，契诃夫家族的后代也渐渐在四周辽阔的地域里开枝散叶。他们都有着与众不同的名字：叶梅利扬、耶夫罗辛尼亚，当然也可以亲切地称他们为米哈伊尔、叶戈尔。他们以种地为生并世代为农奴。但这个家族无论怎么说都是非同寻常的，其后代时常具有某些特殊的志向：叶夫斯特拉季的孙子彼得抛弃了一切四处云游，为建造教堂募集善款——最终他真的就在基辅建成了教堂；而他的外甥瓦西里则成为圣像画家——显然耕地务农并未能引起他的兴趣。

　　这是一个子女众多、绵延不息的大家庭，有着稳固而严酷的生活方式，与温柔和敏感相距甚远。一家之主是整个家庭绝对的统治者。"米哈伊尔·叶梅利扬诺维奇走路时总是拄着一根大手杖，迈着缓慢而持重的步伐四处巡视。他身体健硕，一直活到高寿。"家庭档案里是这样记载的。他对于家庭的权力是无限的。

传奇的迷雾渐渐从叶戈尔·米哈伊洛维奇，也就是米哈伊尔的儿子身上拂去。这是安东·帕夫洛维奇的祖父。他是附属于地主切尔特科夫伯爵的农奴，切尔特科夫家族的子嗣[1]后来又与另一位伯爵托尔斯泰相遇，并在后者的生命中扮演了重要角色。

叶戈尔·米哈伊洛维奇并没有务农，而是进入切尔特科夫开办的甜菜糖厂，他在那里成为管家，后来还做起了自己的生意。他让自己的三个儿子都接受了教育，其中的帕维尔便是"我们的"契诃夫的父亲。叶戈尔·米哈伊洛维奇花钱给所有家人都赎了身，最后却没有足够的钱再赎出女儿。切尔特科夫则仁慈地把他女儿的自由也一并赠送给了他：叶戈尔·米哈伊洛维奇是如此的可靠、受人尊敬和诚实可信，自然是理应得到这一馈赠的。

叶戈尔·米哈伊洛维奇本人在晚年又去了阿塔曼·普拉托夫这位卫国战争英雄的女继承人的庄园去当管家，此庄园距离塔甘罗格64公里。后来他在塔甘罗格买了一处房产，登记为罗斯托夫市的小市民阶级。但他既没有住在罗斯托夫，也没有住在塔甘罗格。倒是他的儿子帕维尔定居在了塔甘罗格。就是在这里，公元1860年的夏天，帕维尔·叶

---

1 指弗·格·切尔特科夫，列夫·托尔斯泰晚年的亲密友人，托尔斯泰主义信徒。译者注。（书中脚注无特殊说明的均为译者注。）

戈洛维奇的儿子安东·契诃夫降生于世。他不仅将使严苛而敬畏上帝的契诃夫家族名留青史，还将让偏僻的外省小城塔甘罗格名扬于世，而在欧洲文学史上，则将留下他对于伟大祖国俄罗斯的由衷赞美。

* * *

也许，帕维尔·叶戈洛维奇年轻时也是个美男子。即使是在后来上了年纪的照片里，他的面容看起来仍是坦诚、直率而端正的。这是一张干净的面庞，斑白的大胡子显得十分优雅。虽说他的外貌颇具吸引力，但又不乏严厉和倔强之感。如果您看过了他的日记后，就会

帕维尔·叶戈洛维奇·契诃夫

发现，他大抵就是这样的人。

帕维尔·叶戈洛维奇的生活过得既不轻松也不简单。父亲叶戈尔·米哈伊洛维奇给他安排了工作，让他给一位塔甘罗格的商人科贝林当会计。此时的帕维尔只有十九岁，当然是个十分尽责的伙计——敷衍塞责这种行为也是不可能出现在契诃夫家里的。但在这些流动的庸常琐事之下，在他的心中，还潜藏着某种与日常生活格格不入的东西。

后来他还将在塔甘罗格经营一家店铺，在那里出售鲱鱼和煤油，糖和橄榄油，但他仍旧被另一种东西所吸引。他笃信上帝，热爱教堂赞美诗，他自己也唱圣歌并且还担任合唱的指挥。他还会拉小提琴，画画也不错，经常画些圣像画。

多年以后，他成名的作家儿子会说："人不可貌相。"当我们看到那张即使上了年纪仍看起来精力充沛，几乎是欢愉的帕维尔·叶戈洛维奇的面庞时，不会想到，这位塔甘罗格的会计，商人科贝林的伙计，会在年轻时给自己订制了一枚胸章，上面刻着这样一句话："孤身者如处荒漠。"

当父亲看到他胸前的这枚徽章时，说道：

"该给帕维尔娶亲了。"

父亲没多久便给他娶了亲。这桩婚事是因为爱情，抑或只是遵照父母之命，我们已然无从知晓。1854年，帕维尔·叶戈洛维奇还在科贝林那里做伙计时，便娶了姑娘叶甫盖尼娅·雅科夫列夫娜·莫罗佐娃为妻，一位莫尔尚斯克的商人莫罗佐夫的女儿。（叶甫盖尼娅·雅科夫列夫娜和母亲、姐妹一同从外地迁居塔甘罗格纯属偶然，只因家中发生了变故。）

年轻的妻子是否医好了帕维尔·叶戈洛维奇心中的寂寞之苦，尚不得而知。但因这一桩婚姻有着牢固的基础，想必在当时也自然被认为是幸福的。当然，这对夫妇的相处绝非易事——这皆因男方的性格所致：这是一个粗鲁生硬、爱发号施令又性格急躁之人。是的，那时的家庭生活普遍如此，在商人小市民阶级的圈子中更甚：丈夫通常都是有着无限权力的主宰者，简直就是一部严苛的活家训。

叶甫盖尼娅·雅科夫列夫娜比她的丈夫更安静、温柔和亲切。她没受过什么教育，但有着高度的宗教热情，性情温顺，她自己喜爱读书，并总是想尽办法教好孩子。虽然丈夫是爱她的，但她仍然不得不忍受他很多。她那温柔的身影贯穿了安东·帕夫洛维奇的一生。回想起自己年轻时代在梅里霍沃遇到的那位消瘦、友善的老太太，我便觉得叶甫盖尼娅·雅科夫列夫娜正是一位真正的母亲该有的模样。母亲就该是这副样子的，她寓教化于无形之中，通过自身散发的光芒、温柔和善良来使孩子们受教。"我们家庭的才能来自父亲，心灵则来自母亲。"安东·帕夫洛维奇如是说。

这是一个多子女的大家庭。在家族的这一分支中可以看到正在成长中的整整一代年轻的契诃夫们：他们是亚历山大、尼古拉、安东、伊凡、米哈伊尔和女孩玛莎，也就是玛丽亚·帕夫洛夫娜·契诃娃，她为哥哥奉献了自己的一生，并活过了所有人，甚至还在 1953 年 90 岁高龄之时参加了契诃夫纪念碑在雅尔塔的落成仪式。

我还记得半个世纪前在梅里霍沃和莫斯科的文学圈子的聚会上，见到的那张可爱的面庞，那双闪烁着智慧的棕色眼睛。

终于，这位穿着单排扣校服、扣着浅色纽扣、充满蓬勃生命力的中学生安东·契诃夫出现在我们面前。

他从自己的先辈那里继承了旺盛的生命力与天生禀赋，当然还有顽强的毅力。他虽富有强大的内心力量，但从童年时起便需要克服许多的艰难险阻。

塔甘罗格市的中学有着一栋枯燥乏味的两层建筑，以及同样枯燥乏味的老师们。安东总是很早到校，学习成绩优秀，但这正是令人惊讶之处，因为家中的一切实际上对他都是一种妨碍，他并没有从家庭得到任何的支持。

他的父亲开了一家杂货店，营业时间从早上一直持续到深夜。父亲自己看店，店里雇佣有伙计，同时契诃夫家的男孩们也经常来帮忙。当父亲需要在晚上外出办事或是去教堂做彻夜祷告时，便会安排安东或亚历山大负责收钱。此时的安东还要学习枯燥的拉丁文介词，他坐在冰冷的店铺里收钱，为一俄磅的鲱鱼或几支烟草给顾客们找零钱，身体被冻得僵硬，有一次差点儿因为没有完成功课的焦虑和恐惧而哭出来，但他依旧还是坐在那里数钱。是的，我们还不得不关注一下店里的两个小伙计安德留什卡和加夫里尔卡，希望他们不要过分地偷拿东西或缺斤少两。但他们还是时常给顾客少称些分量。解释是这样的："否则帕维尔·叶戈洛维奇可就挣不到钱了。"他们也会顺点儿东西——肥皂、发蜡、糖果什么的。帕维尔·叶戈洛维奇发现后，会毫不留情地把他们俩揍上一顿。安东当然不会去偷什么东西，但父亲还是会因为某些过错打他，这也一直刻在了他的记忆里。童年的悲惨遭遇使他与屠格涅夫相接近，只是在屠格涅夫那里严苛冷酷的是母亲，而契诃夫的母亲虽然自己没让儿子受什么委屈，却也无法保护他免受父亲的欺辱。说的也是，又能如何保护他呢？帕维尔·叶戈洛维奇本人就是被以粗暴的方式抚养长大的，他认为本就该如此，他认为劳动、规则、服从都是必须的，并且要坦率、深信不疑地去执行命令。他的强大也正在于他抱有坚定的信念。正如他坚定地相信上帝一样，他也同样坚定地相信，对待孩子们万万不可过于温柔。他没有考虑到时代正在变化。所有的叶夫斯特拉季、叶梅利扬、叶戈尔这些先辈教育孩子的方式早就已经过时了。当他在塔甘罗格的小房子和自己的杂货店里作威作福时，未必能预料得到，在自己的晚年，当他住在儿子位于梅里霍沃的别墅里时，不得不苦涩地回首往事。

安东·契诃夫从小就得以目睹生活的本来面目：他没有身处温室，而是看到了卑微与可笑，暴力和严肃的斑斓混杂。一系列人物的面孔、谈话在他面前来来往往。来杂货铺里买东西的有官员、小职员、妇女和神父，还有生活在塔甘罗格的希腊人、外来的盐粮贩子以及农民。安东天生具有很强的观察力，他善于幽默讽刺，很会描绘别人脸上的表情，还颇具戏剧天赋。他从喜剧中吸取了灵感，当然也受到了正剧的影响：从很小的时候起他就被欺骗、粗鲁和暴力的场面所刺痛——这种创伤也贯穿了他的整个一生。在契诃夫的创作中始终回响着软弱的、被压抑的、被强者践踏的人们的呻吟声，这种声音越来越响亮，直到他生命的尽头。因为苦涩的童年，他的笔触在描绘孩子时总是带着悲伤和感动的调子：那个后来家喻户晓，在鞋匠铺当学徒，深陷泥潭苦苦挣扎的小男孩万卡，不正是在塔甘罗格的杂货铺里孕育出来的吗？这个十岁的小孩在信中倾诉自己的悲伤：最终将信寄给了"农村的祖父"（这里在令人动容的程度上一点儿也不亚于陀思妥耶夫斯基的作品）。

巨大的悲伤意味着，帕维尔·叶戈洛维奇不仅不是个坏人，甚至还是一位值得尊敬的、正直而诚实的人，他所具有的高尚品格使他明显高于周围的其他人。即使他的宗教信仰是有些功利色彩的，形式的范畴多于真正的基督教精神，他也仍然具有坚实的道德原则，在所处的环境中显得十分突出：他疯狂地痴迷于宗教，是个狂热的信徒。直至生命的结束他都衷心于教堂，对唱诗班更是热爱至极。这没有给他带来任何利益，大概还有损收益。然而，对于这颗充满着艺术禀赋的心灵来说，他的生活并非只是由谷物、煤油和糖所组成的。

塔甘罗格有一座大教堂，还有其他一些有唱诗班的小教堂。但是帕维尔·叶戈洛维奇仍然决定组织自己的唱诗班，他越来越竭心尽力地参与合唱，虔诚地为教堂服务。

在许多方面他都表现出了极大的毅力，实现了自己的目标。在偏僻的塔甘罗格他并不是唯一的狂热信徒。他的唱诗班是由当地的铁匠和其他普通劳动者组成的。他们整个白天都要工作，每到晚上便集合到他那里排练合唱。他为他们拉小提琴，他们不懂乐谱也不识字，便凭着听到的音调唱歌，记歌词。但是他们的声音过于粗犷，因为唱诗班里的女声不够。帕维尔·叶戈洛维奇便决定找来自己的孩子们充数：亚历山大和另一个弟弟是高声部，安东是低声部。

按照亚历山大的说法，安东在合唱时几乎没出声，但这种说法似乎过于夸张了。很多年以后，成年的安东·帕夫洛维奇甚至还喜欢在梅里霍沃的庄园里放声歌唱（当然了，是在合唱的时候），他的声音低沉，时常与波塔片科、莉卡·米津诺娃、父亲以及其他客人合唱。使 19 世纪 90 年代的俄罗斯知识分子感到颇为尴尬的是，他们演唱的尽是些教堂圣歌。

哥哥亚历山大以忧伤的口吻描绘了他们童年时的合唱经历。当然了，这并非一件轻松的事——孩子们已经十分疲劳，还要面对父亲的强迫和苛责。他们并不像铁匠们那般对此充满热情。孩子们总是想要游戏和无拘无束的嬉闹。而契诃夫家的孩子们除了学习和在杂货铺里帮忙，还要练习合唱，去教堂表演——契诃夫家的唱诗班很有名气，无论是当地的大教堂还是希腊正教修道院都愿意请他们去演唱（当然，要知道无论是铁匠们，还是带着孩子的杂货铺老板都是免费来演唱的）。

帕维尔·叶戈洛维奇给孩子们的宗教教育惨遭失败，这是不争的事实，也颇具戏剧性。他本人坚定不移地相信，教堂和宗教生活可以拯救生命，理应如此教导孩子们。如果帕维尔最终意识到，在他的教养中恰恰存在着某种与宗教本质背道而驰的东西，正是他竭力的宗教引导反而造就了一些没有信仰的怀疑论者，那么他会深感沮丧。他得到的果实并非他所期待的样子。

然而，然而……如果在这个欢快、机智、会滑稽模仿的中学生的内心深处还藏匿着一位作家（后来的他又怎么会无缘无故地出现呢？那么这位作家真会总是那么冷漠地倾听和演唱这些颂歌吗？），是否可能是这种情况：中学生安托沙[1]·契诃夫在礼拜仪式合唱时从上方注视着青燕子是如何在窗格里喂幼崽的，并在心中想着——快点结束吧，好跑到海边去捉鱼或是追逐鸽子，但此时他的心灵与伟人、圣人的交流难道会消失得了无痕迹吗？这一点我

---

1 俄语中"安东"的爱称，契诃夫早期也曾以此为笔名。编注。

们无从知晓。契诃夫同时生活在外部和内部两个世界，而他的内部生活与外部生活有时相距甚远，这一点我们在了解过他的生平与写作之后将会更加确信不疑。在将映衬着灰暗时代色调的外在生活与内在的、有意识的契诃夫相对照时便可发现，这位医生和生活的观察者正是在试图用科学来代替宗教，只是他本人并没有意识到这一点。

* * *

在冬天，有着严寒、暴风雪和可怕的西伯利亚冷空气；夏天则是飞扬的尘土以及酷暑，以至于晚上都无法在房间里睡觉（契诃夫家的孩子们便在院子里搭一个简易帐篷，在那里过夜——安东甚至睡在茂密的野生葡萄树下，并自称为"无花果树下的约伯"）——这便是塔甘罗格，它散发着大海、鱼类以及希腊人的气息，还夹杂着一些亚美尼亚人和哥萨克人的味道。这是一个偏僻而枯燥的俄国南部城市。

尽管父亲管教严格，但到了夏天，契诃夫家的孩子们仍然过得悠闲自在。他们常跟着渔民在海边闲逛，有时还会去 64 公里以外的祖父叶戈尔·米哈伊洛维奇所在的普拉托夫庄园去度假。他们的长途旅行并非像贵族老爷那般轻松，而是要搭乘载货用的四轮马车，有时还要步行，沿途也少不了耍闹嬉戏——但是在玩乐的背后，这些旅行对于安东·契诃夫来说，铺展开了包围着家乡塔甘罗格的一望无际的大草原。之后他会真正地描写它，也正是草原使契诃夫进入经典文学作家之列。

而这广袤的草原除了向他展示了自然之壮美以外，还向他微微揭开了女性之美的温柔面纱。在沿途的顿河河畔罗斯托夫附近的一处亚美尼亚人开的旅馆里，来自纳希切万的一位姑娘以亚美尼亚少女的样子出现，又很快消失不见了，引起了这位中学生神秘的忧愁。就像是一道闪电在天空中倏然划过，却永远被铭刻于心。

日常生活还像以前一样按部就班地进行着。但等待年轻的契诃夫们的却是一个艰难的夏天。

塔甘罗格开通了铁路，城郊建了一座火车站。契诃夫家杂货店的生意变得更糟了——现在城里的运输工人和商品贩子越来越少了。帕维尔·叶戈洛维奇凭着他不切实际的幻想认为，在开了酒馆的火车站附近应该再开一家杂货铺的分店。比如，刚从火车站出来的旅客们想要去酒馆喝点东西，正好看到旁边有一家杂货店，便会顺便进去买点什么。

于是他就开了第二家店。帕维尔·叶戈洛维奇让亚历山大和安东过去照看店铺——夏天还好，学校里放假了。

结果生意很惨淡。对于失去了假期的小伙子们以及帕维尔·叶戈洛维奇来说都很不幸：这家店根本没有运转起来，收入少得可怜，到了秋天已经完全亏损。老店也同样生意惨淡，帕维尔·叶戈洛维奇同时还陷入其他窘境中。

1875 年，亚历山大和尼古拉前往莫斯科——分别在大学和绘画雕塑学院学习（尼古拉倾心于艺术）。一年后，帕维尔·叶戈洛维奇不得不放弃一切逃往莫斯科。他面临着破产，差点儿因为欠债而坐牢。

只有安东一个人留在了塔甘罗格完成中学学业。他的

尊敬地称呼这个高年级中学生为安东·帕夫洛维奇。

关于他这几年生活的情况我们知之甚少。兄弟们相距遥远，没有对此的回忆，保存下来的信件也很少。但是有一封信对于弟弟米哈伊尔来说却是记忆犹新。

> 你为什么自称为"不起眼的弟弟"？是你意识到了自己的微不足道吗？你知道该在哪里意识到自己的渺小、卑微吗？在上帝面前，在智慧、美丽、大自然面前，但不是在人跟前。在人前必须要意识到自己的尊严。要知道你不是个骗子，你是个诚实的人，难道不是吗？那么，就尊重自己那诚实的品性吧，并且要知道，一个诚实的小伙子可不是卑微的。不要将"谦逊"和"自卑"混淆在一起。

在上帝面前承认自己的卑微渺小，在人面前意识到自己的尊严——成年的契诃夫也没有摒弃这一准则。

上述段落是罕见的，契诃夫很少在信中说一些崇高的大道理。信中接下去便是这样的内容：

> 怎么，比彻·斯托夫人让你流下了热泪？过去，我曾读过这本书，半年前，我出于研究的目的又读了一次。["研究的目的"这里用得很精妙]读过之后，我感觉非常不适，就像是吃了太多的葡萄干之后那种甜得发腻的感觉。

当他自己还是个小学二年级的学生时，曾在剧院观看《无辜的罪人》[1]时大哭起来。但是现在，未来的契诃夫已经准备好了，他沉稳克制，有很强的自制力：多愁善感并没有将他俘获。

> 你还是去读读……《堂吉诃德》（整本，或是第七、第八章）吧！是本好书。塞万提斯的作品几乎可以与莎士比亚相提并论。

他对《堂吉诃德》给予了很高的评价，但是并没有怀着很大的热情（"是本好书"）。他认为兄弟也有不错的品味：如果他觉得整本《堂吉诃德》都不会使他觉得枯燥的话。当然他也想到了，将之与莎士比亚相比是十分具有说服力的。

不管怎样，这封信还是展现了少年契诃夫重要的、严肃的一面。在他的身上还有着另一面——想要充实他作为一个艺术家和一个人的内在世界，还需要其他一些东西。

他与彼佳·克拉夫佐夫，就是他所辅导的那个男孩，成了好朋友。彼佳邀请他去自己家的农庄做客。夏天他便去那里住了一段时间。

辽阔的草原、野性的猎犬以及原始的大自然展现在眼前。彼佳教他用猎枪射击，骑剽悍的草原马。哥萨克人的彪悍和狩猎的风俗固然无法长久地在他身上存留，但是这种对于广袤大地自然力量的热爱在契诃夫一生中的不同阶

---

1 俄国剧作家奥斯特洛夫斯基的剧作。

段却一直持续着——他总是喜欢四处旅行，看看新鲜事物，感受新体验。这都发生在他尚不用考虑自己未来病情的那个年代。所有青少年时期的契诃夫的照片都展现了他健康的体魄，身体上的吸引力，甚至是力量感。

对于女性而言，他有着特殊的魅力。

此时他正住在偏远草原上的某个庄园里，他站在水井边，凝视着自己在水中的倒影——也许，水里还有彼佳·克拉夫佐夫的影子。（但是彼佳未必会满怀遐想地仔细审视自己在水中的影子。这件事儿更适合青少年时代的契诃夫——一方面他开朗，活泼，爱嘲弄人，另一方面他的内心却有着另外的一些东西。）

他站在那里陷入沉思。一个十五岁左右的女孩走过来打水。"雅各与拉结亲嘴，就放声而哭。"[1] 看到了自己的拉结，虽然只有片刻，也是在井边，但俄罗斯南部草原上的这位少年没有哭泣，而是拥抱并亲吻了她。而她呢，放下了抬水的扁担，也开始亲吻他——成年的契诃夫在讲到自己年轻时的这次偶遇时说，神秘的爱情电流来得竟是如此突然。

* * *

坏消息从莫斯科传来。父母和兄弟们的生活陷入窘困。在完成自己的功课以后，这位剧本《无父儿》的作者，刊载滑稽讽刺小品的手抄报《口吃的人》的撰稿者，现在的

---

1 《圣经·创世记》（29：11）。

中学生安东·契诃夫将卖掉父亲留下来的零碎东西的钱，以及自己劳动所得的大部分报酬都寄去莫斯科。他给兄弟们和父母都写信。后者的态度实在有些奇怪：叶甫盖尼娅·雅科夫列夫娜甚至被他的玩笑话冒犯到了。

> 我们收到了你寄来的两封信，里面尽是些玩笑话，而此时我们只剩下四个戈比用来买面包和蜡烛，我们等着你寄钱来，日子太难过了……玛莎没有皮袄，我没有保暖的鞋子，我们只能待在家里不出门。

安东的回信没有保存下来。很难想象他不相信（正如叶甫盖尼娅·雅科夫列夫娜所认为的那样）他们处于贫困之中。最有可能的是，他只是用玩笑话来掩饰自己：他从不喜欢直接表达自己的感受，而是宁愿封闭自己的感情，这一次是用俏皮话。

叶甫盖尼娅·雅科夫列夫娜以非常直白的语言写信给他：

> 尽快完成在塔甘罗格的学业到我们这里来吧，我们已经没有耐心再等下去了。然后一定要进医学系，萨沙的专业我们都不喜欢。快把我们的圣像寄过来，安托沙，我还想对你说两句，如果你是个勤快的人，那么就一定能在莫斯科找到事情做，能挣到钱。我觉得，只要你来了，我就会轻松一些。

她很早就发现了这个孩子有养家的潜质，并且预测得很准确。只有一件事他没能做到：他没能提前中学毕业并获得证书。在其他方面，叶甫盖尼娅·雅科夫列夫娜所说的话都是合乎实情的。

1879年的春天，他从中学毕业，甚至还获得了塔甘罗格市的一笔一百卢布的奖学金——这在当时是一笔不小的数目——然后他便动身前往莫斯科。

烟囱广场

　　在莫斯科街心花园的内环上，离库兹涅茨桥不远的地方有一个特鲁布内广场，简称烟囱广场。这是一个奇怪的地方，但是有着如画的风景。在契诃夫所生活的时期，甚至是更晚些的时候，烟囱广场因鸟市而闻名。这里也出售其他一些小动物，比如野兔、狮子狗、刺猬都可以在这里买到。在春季，广场上到处都是鸟笼子，里面关着各种色彩斑斓的金丝雀、金翅雀和黄雀。卖家大声吆喝着，买家则沿着行列闲逛，时常有些举止怪异的爱好者出没。这条大街上人声喧嚷，尘土飞扬，夹杂着叽叽喳喳的鸟叫声，五颜六色的儿童气球迎风飘动。莫斯科的对立性和荒谬之处正在于——一切都是并存的，都掺杂在一起。庞大宏伟、富丽堂皇的艾尔米塔什花园矗立在斯特拉斯特内街心公园的拐角处，而马路对面就是许多简陋破旧的酒吧，再往远处还有过去的萨莫捷卡街和格拉乔夫卡街。这里尽是奥斯特洛夫斯基的戏剧世界里所描绘的那些商人，还有古老的有轨马车和艾尔米塔什花园旁边等活计的放肆无礼的马车夫。

　　罗日杰斯特文斯基修道院位于斯列坚卡大街和马罗谢伊卡大街不远处的高地上。有轨马车从烟囱广场沿着林荫大道驶向这里。为了更容易地将马车拖上缓坡高地，人们让两个小伙子骑在马背上向前驱动，车夫坐在马车前面扬鞭赶马，马儿扬蹄奔腾起来，车轮便也跟着滚动起来，飞快地驶上山坡，然后年轻的骑手谢卡或是万卡再立即卸下马具，快速跑下山坡回到烟囱广场，等待着下一辆马车的到来。

在烟囱广场的后方，街心花园的外侧和苏哈列夫卡街方向的区域，则是莫斯科的黑暗之处——也就是小酒馆和妓院的所在地。

也许是因为价格便宜，从塔甘罗格逃出的帕维尔·叶戈洛维奇正是在此处租了一间公寓，这里就像陀思妥耶夫斯基所描绘的贫民窟一样，只是不在彼得堡，而是在莫斯科。马尔美拉多夫[1]完全可能住在这里，但是帕维尔·叶戈洛维奇却一点儿也不像马尔美拉多夫。有一次叶甫盖尼娅·雅科夫列夫娜只剩下四个戈比，并悲痛地向安托沙诉说了这一情况。最初在任何地方都没找到工作的帕维尔·叶戈洛维奇，即使陷入贫穷之时仍然在家里保持着傲慢自大、作威作福的姿态。他还像过去一样热爱教堂，崇拜大主教，喜欢唱圣歌，并且仍然是家里的统治者。

两个年长的儿子，大学生亚历山大和艺术家尼古拉与大家分开生活。伊凡、米哈伊尔、玛莎和父母住在半地下室的出租屋里。可想而知，条件极其简陋。他们并排睡在地板上，地上垫一些破布和旧衣服。（安东·帕夫洛维奇后来讲到他的名为费多西娅·雅科夫列夫娜的姨妈：这个

---

[1] 陀思妥耶夫斯基的长篇小说《罪与罚》中的人物。

"圣洁的女人"由于害怕着火的时候来不及跑出去，睡在了"全部的家当"里，也就是说，没有脱衣服，甚至是"穿着套鞋睡觉"。）

他们陷入了贫穷、争吵、互相指责的境地，经常谴责亚历山大没有给家里提供应有的帮助……亚历山大这个身材瘦高、面容憔悴的年轻人向身在塔甘罗格的安东告知了自己的收入情况：三张画法几何制图收入六卢布，誊写两张微分方程四卢布，誊写三页化学公式三卢布，一共收入十三卢布。其中要给父母五卢布，妹妹买鞋两个半卢布。桌子七卢布，公寓房租六卢布，油灯和床单被套两卢布。为了弥补这一亏空，他还卖掉了围巾和手表。

而帕维尔·叶戈洛维奇还在继续从事自己的事业。的确，他的唱诗班现在已经没有了，并且总的来说，他在莫斯科是一无所有的，但在家里他还是像过去一样盛气凌人。一张纸条突然出现在墙上：

帕维尔·契诃夫全家在莫斯科作息安排表

（这就像是来自安东·契诃夫早期幽默短篇小说里的片段。）但这并不是幽默故事。他给伊凡——那时十七岁的儿子——也制定了何时起床、何时该做什么的计划。

十一岁的米哈伊尔·契诃夫，十四岁的玛丽亚·契诃娃——晚上七点钟必须分毫不差地进行晚祷告。早间祷告在六点半，周末的晚祷告则在九点半进行。

备注：家庭之父批准按照日程表执行。

家庭之父：帕维尔·契诃夫。

凡不遵守上述规定者，初犯者将受到严厉训诫，重犯者将予以体罚，体罚时不得喊叫。

但这些规定并不是那么容易做到的。比如，经常发生的是，一大早，"家庭之父"与"家庭成员"伊凡·契诃夫之间因为什么裤子而发生了争吵。裤子挂在板棚里，需要去取……总之，住在格拉乔夫卡大街上的帕维尔·叶戈洛维奇在院子里打了儿子，被打的人并没有遵从备注的要求，而是大声号叫。最后这变成了一件丑事，闹得人尽皆知。"其他的家庭成员跑过来，房东也免不了奚落他一番。随后还要跟他解释，让他明白贴在大门上的条例是多么不合理。"

亚历山大在写给安东的信中记述了所有这些可悲的琐事，但对于亚历山大本人而言，这些事情远非琐事：它们极大地触犯了他的生活。父母对他独自居住的决定表示鄙夷，认为这是不必要的铺张浪费。他们带着斥责和训诫的口吻对他进行了艰难的劝说。亚历山大的个性并没有那么强硬——最终他做出了让步，跟自己的小狗科尔博一起搬回家和父母同住。当然，这并没有得到什么好的结果。"不要问我是如何生活的。我没有单独的房间。在我打算住进的那间房里居住着'住户'。"

但是过了一段时间，他便也扎下了根。

到了1879年的2月，他已经写信给安东："我……买了各种品种、形态各异的鸟。差不多有四十多只，它们在各个房间里自由飞翔。这些鸟儿给我和所有人都带来了快乐。"

一只小狗科尔博看来还不够。显而易见，住在烟囱广场和家禽市场附近使得亚历山大迷上了养鸟。可以想象，这些"住户"是如何弄脏了契诃夫夫妇本来就不那么明亮的住房！或许，也只有叽叽喳喳的鸟叫声能使人感到宽慰。

* * *

亚历山大在信中称他的弟弟是"大腹便便的安东尼神父"，或是"深受尊敬的弟弟安东·帕夫洛维奇！"，但是旁边写的却是"傻瓜"[1]——一种在 80 年代供我们的父辈逗乐的俏皮话。但是在这些玩笑话的背后，隐藏的是对于"深受尊敬的弟弟"的一种严肃认真的态度，甚至是对他的疼爱和关心。为了让弟弟能在假期来自己这里，他还攒了一些钱，还会操心如何安排假期。从这些交往的信件中也能捕捉到安东·帕夫洛维奇最初文学创作步伐的一声回声，当然还有哥哥对弟弟足够的关心。

哥哥亚历山大本人倾向于讽刺和嘲弄，也偏爱文学，并已经在一些小杂志上发表了几篇文章。这些杂志的内容既贫乏又幼稚，就像当时整个莫斯科的报纸和杂志的出版环境一样糟糕。他靠此赚了些钱，与当时还是中学生的安东相比已经是个文学家了。安东也开始给他寄些自己写的小东西。其中的一些小短篇得以见报。"你的幽默小品很

---

1 原文为拉丁语。

受欢迎。今天我把你的两个小故事寄给了《闹钟》。其余的都不合要求。再给我发些短小精悍的吧。篇幅长的都平淡无奇。"

这些小故事都没有保存下来。契诃夫未必对此感到可惜。但是现在，他正在塔甘罗格自己过去的家——现在已经是谢利万诺夫租给他的小房间里，构思着一篇对他来说更为严肃的作品：剧作《无父儿》。他把这部剧作寄给了在莫斯科的亚历山大，并且保存了对于自己处女作的第一篇评论——这对他来说应该是有着重要意义的。

亚历山大对待此事十分认真。尽管时常说些戏谑的话，但他还是怀着兄长的关切之心，认真阅读了剧本。他的评价既严厉又富有好奇心。

> 《无父儿》中有两个场景简直是天才般的设计，如果你想要听听我的意见……（成熟年纪的契诃夫看到"天才般的"这个词定会微微一笑。）但总的来说，整部剧作就是一个不可谅解的，虽然是毫无恶意的谎言。说它是无恶意的，是因为它来自内心深处混沌不安的世界观。而说你的剧作是一个捏造的谎言是因为——你自己也感觉到了这一点，虽然是一种微弱的、无意识的感觉。顺便说一下，你在这部剧里花费了太多的力气、精力、爱与痛，以至于已经无法再写另一部了。

尚不清楚安东是如何接受这一批评的，但是，当然，瘦高个儿、老是不走运，目前还是安东的庇护者的哥哥亚历山大，还是感觉到了安东的特别之处。他自己已有作品发表，而安东还在中学里为了获得优秀成绩而努力，并且还写了一部"谎言"，但其中还是有两个让人难以忘怀的、"天才般"巧妙"设计"的场景。

这个胖乎乎、有着健康体魄的中学生在所有的家庭成员中脱颖而出，使得他身旁的亚历山大、尼古拉都显得像个失败者。与此同时，亚历山大显然也在这部尚有些孩子气的《无父儿》中感觉到了某种"非同寻常"。叶甫盖尼娅·雅科夫列夫娜也始终怀着一颗慈母之心，感觉到家庭生活的全部关键都在安托沙身上。"我觉得，只要你来了，我就会轻松一些了。"

* * *

她的想法没错。不只是她一个人，整个契诃夫家的状况都变得更好了。

帕维尔·叶戈洛维奇已经退居次要位置了。墙上不再贴着"作息安排表"。他本人也终于找到了一份工作——虽然职位低微，但总归有了一份工作，是在莫斯科河南岸的商人加夫里洛夫那里做管理员。他和店员都住在那里，一个月有三十卢布的收入，只有在节假日才回家——周日他常去烟囱市场逛街，看看金翅雀、黄雀和野兔，但是不再干涉家里的事儿了。

安东·帕夫洛维奇已经成为莫斯科大学的学生。他选择了最难的医学系。按照契诃夫当时的概念，他从塔甘罗格带来了一大笔钱——一百卢布。此外，他还带来了两个来寄宿吃饭的同学，增加了家庭周转的资金。原来租的房子已经过于拥挤，他们又在格拉乔夫卡街的另一个地方租了一个有五间房的住宅。现在他们不再并排睡在地板上了。秩序、劳动和某种端庄优雅的精神气质随即出现——它萦绕在安东·契诃夫的周围。谢利万诺夫以"安东·帕夫洛维奇"来称呼这位塔甘罗格的中学生并非没有理由。

来到莫斯科之初的安东·帕夫洛维奇是个身材高大的青年，看上去有些笨拙，不太灵活，但他健壮有力，脸颊总是红润的，浓密的头发向后梳着，穿着现在看起来显得有些古怪的长礼服。此时他正背靠书架站着，双手背在身后，静静地看着坐在桌旁的哥哥尼古拉在一张大绘图纸上画着什么。19世纪80年代的感觉存在于窗户上沉甸甸的厚窗帘中，映照在架子上青铜质地的四脚烛台的微光中，存留在地板上充满东方色彩的地毯上。

但是，这个有点懒散、略显笨拙的年轻人似乎一点儿也不懒惰——正相反，他埋头苦干并卓有成效。哥哥尼古拉带有那种漂泊不定、生性浪漫的艺术家式的神经质和躁动，并像他的哥哥亚历山大一样容易受到酒精的刺激。但是安东却做到了非同寻常的平衡。像他这个年龄的人，一个热爱生活、精力充沛的青年，当然不可能像苦行僧或是脱离现实的哲学家一样。生活就是生活。安东这个刚上大学一年级，后续又进入高年级学习的大学生甚至不排斥醉酒和肆无忌惮的大笑，向年轻小姐们献殷勤，说俏皮话，或是整宿玩敲击的游戏——这在当时是一种有趣的地方性游戏，但就像在后来的文学创作中一样，他总是很有分寸感。

他站立的时候挺拔稳重，想要推倒他是难以办到的。在他的哥哥们那里经常出现的纵饮无度或是醉酒后漫无边际的幻想在他身上是罕见的。在年轻的岁月里，他仿佛十分倾向于有益健康的和平静、淡然的生活，他过着紧张而艰辛却条理清晰的生活。他怀有一个明确的目标：自己闯出来，接济家人，以一种不错的方式安排好一切。

当然，在塔甘罗格之后，大学和科学教给他很多新的知识。他是否正是在就读医学院的时期开始接受某种后来使其先前的哲理思考显得尴尬的"科学的宗教"的呢？此时《卡拉马佐夫兄弟》刚刚出版问世。青春年少，但已经耀眼夺目的弗·索洛维约夫已然在地平线上冉冉升起。契诃夫带着外省人特有的热情聆听了斯克利福索夫斯基等人的讲座，80年代的莫斯科文化界对这些人趋之若鹜。还有在塔季扬娜校庆纪念日，在各个餐馆内放声高唱《何不纵情欢乐》的大学生们——这些都是文化的最高层，几乎也是世界的中心。

他学习努力，参加各种实践课，对充满自信、刚愎自用的扎哈里因怀有敬意，但他还有着另一面。他在塔甘罗格写了一部剧本《无父儿》，办了一份手抄小报《口吃的人》，刊登了一些幽默文章，并在看戏剧《无辜的罪人》时流下了眼泪。没错，这些眼泪还是幼稚的，现在他已经是大学生了，不再会在剧院里哭泣。但在莫斯科却有着真正的剧院——小剧院在当时光芒闪耀，这座剧院还有着第一流的剧作家：亚历山大·尼古拉耶维奇·奥斯特洛夫斯基。（可以认为，莫斯科给年轻契诃夫的唯一馈赠就是剧院。）

但是他还需要赚钱。正是在此处他遭遇到了非同寻常的困难。他是如何做到既在大学里完成学业，又写了很多东西的呢？关于这一点可能只有他年轻旺盛的精力能稍稍作为解释，但是否正是这种紧张的压力使他逐渐筋疲力尽了呢？

在塔甘罗格的时候他给亚历山大发了一些"俏皮话"。现在他开始写一些幽默短篇小说，并且已经可以在没有亚历山大的帮助下发表：编辑立即注意到这位大学生并不普通。

他给自己的作品署上了"安托沙·契洪特"的笔名。（据说，这个绰号是他还在塔甘罗格的时候，学校里一位有趣的神学老师给他起的——这在当时是一个相当奇怪而罕见的现象：很难想象一位滑稽的神父拿起学生成绩记分册时的样子，但还是出现了这样的一个人，甚至在契诃夫的传记里留下了痕迹。）

这位好心肠神父的文学教子极其谦虚地开始了自己的写作，他的谦虚和低调在我们的作家群体里是极为罕见的。

但却是在什么样的文学环境里开始的呀！是《闹钟》《蜻蜓》以及其他一些微不足道的小报。其中，列伊金的《花絮》杂志[1]已经算是有些分量的了，就像列伊金本人一样。

---

1 《花絮》（1881—1916）是在圣彼得堡出版的幽默文学杂志。但契诃夫的文学处女作并非发表在这一杂志上，契诃夫首次公开发表的小说是1880年3月9日刊登在《蜻蜓》上的两篇作品《一位顿河地主写给有学问的邻居的信》和《在小说中常常遇到的是什么？》。之后他从1881—1883年3月在《观众》杂志上，1881—1887年在《闹钟》杂志上，以及1884—1885年在《娱乐》杂志上都发表过作品。契诃夫在1882—1887年间定期在《花絮》上发表作品。

照片上描绘了一位结实强壮、留着大胡子、有着俄罗斯式样貌的中年男子，甚至像奥斯特洛夫斯基的侄子一样令人愉悦。尼古拉·亚历山大洛维奇·列伊金来自彼得堡的商人家庭，年轻时当过店铺的伙计，但从早年就开始从事文学事业。在60年代，他与《火

尼古拉·亚历山大洛维奇·列伊金

花》《现代人》合作，结识了涅克拉索夫和格列布·乌斯宾斯基。他是一个活跃又机智，非常善于经营的人。他写了各种幽默小文章，他的一本小书《俄罗斯人在国外》颇受读者喜爱，甚至在俄罗斯小型文学体裁中也占有一席之地。他所创办的杂志《花絮》销量很好，水平也比其他同类杂志要高出一些。契诃夫很早就进入这些"花絮"里，他最早写给列伊金的信是在1883年，那时他还住在烟囱广场附近。不久前，他的"前辈"还是他的哥哥亚历山大，而现在已经是彼得堡的编辑和图书出版商列伊金了，列伊金相信自己的《花絮》正在引领文学界的某种潮流。这是一本幽默杂志，只凭上面刊登了契洪特的小说这一点，这一刊物的水准便已经高于其他杂志。列伊金几乎认为自己就是契诃夫的领路人，他给契诃夫灌输了这样的理念：文

学中存在着"零碎的"体裁——契诃夫接受了这一观点，开始给他投去一些小短篇。

"我可以写关于杜马、桥梁，关于叶戈罗夫小酒馆……但是其中有什么是零碎而有趣的呢？"他在1885年，几乎已经快要结束自己幽默小品的风格时，在信中这样写道。当他还是个年轻学生，作为塔甘罗格市奖学金的获得者，并且在文学上刚刚起步的时候该写些什么呢？

不管怎么说，在最初的时期列伊金并没有带来什么害处，甚至对契诃夫颇有助益。对于契诃夫所写作的那种看起来微不足道的零碎短篇，《花絮》的体例确实更合适。列伊金是个明白事理、精明强干的人，他拥有理性的思维和伶俐的头脑。他的杂志有不少读者。并且他付的稿酬也比别人要高一些（但也并不是很多）。契诃夫特别需要这笔收入，他要靠这笔钱养家糊口。尽管有许多学生晚会、塔蒂亚娜日、各种"纵情欢乐"、桌牌游戏和年轻女士，但他从未忘记按时给雇主寄去幽默小品，有时甚至是非常出色的东西。

哥哥亚历山大和尼古拉天生具有艺术家的气质，生活浪漫不羁。光是一次醉酒就已经扰乱了他们所有的计划，带来了混乱和悲伤。安东过着克制内敛的生活，表面上看起来轻松愉快，内心则一如既往地睿智、孤单而坚强。但他从未粗心大意，敷衍了事。需要在周一之前给列伊金写出一个故事——他便会彻夜不眠，熬个通宵写出来，然后匆忙赶往尼古拉耶夫斯基火车站，直接奔上火车送稿子。如果在写作上遇到困难耽搁了一会儿，那么他也会尽一切努力不迟到。（在那个天真浪漫的时期，每到临近周日的时候契诃夫都要从家里出发，与许多朝圣者挤在一起，赶去彼得堡送一趟稿子。）

* * *

那一时期他写了许多小短篇，甚至是过多的小短篇。创作成熟期的他自己对此都感到很惊讶，甚至是有些难为情：差不多都快一千篇了。这些作品中收录到后来的小说集里的并不多：大都被他毫不吝惜地扔掉了。1880年到1888年间出版的五部小说集共收录了173篇作品。每本的厚度相同，但小说的数量在下降——就像是病人的体温一样：52，然后是43、38、30，到了第五本只收录了10部小说。小说的篇幅更长，内容也更加严肃和忧伤——这位幽默作家就像人们所预料的那样，转变成了一个忧郁的人。

但是对于住在烟囱广场时期的契诃夫来说，创作的都还是些零碎的小玩意儿——其中也有一些特别出色的作品。他汇编而成的作品集通常以短篇小说《在澡堂里》这样的小故事开头。（列伊金当时是否能够想到，这个与朝圣者同乘一辆列车，亲自递送自己作品给他的合作者会成为世界一流的作家？可以说，无论这位合作者是多么天赋异禀和与众不同，想要猜出他能够成为未来的契诃夫几乎是不可能的。）

地理位置和日常生活中的烟囱广场回响在他的两个故事中。一个叫作《在莫斯科的烟囱广场上》——是一篇对于烟囱广场的速写，非常生动可爱。虽说契诃夫不是狩猎爱好者，但他了解并热爱大自然。

小鸟、猎狗、花草他都喜欢。很明显，他不止一次地在烟囱市场上闲逛——这里与格拉乔夫卡街离得很近——他把一切都看得清清楚楚。在这一特写中有着春天的气息，也暗含着作者的微笑。

卖给不懂行的年轻人和手艺匠的鸟，往往用雌的冒充雄的，用幼崽冒充老鸟。他们对鸟不大在行。不过要叫鸟迷上当，那却办不到。

"这只鸟没什么可取之处，"鸟迷朝着黄雀的嘴里窥视，并数了数它尾巴上的羽毛，接着说，"现在它在唱歌，是的，不过这又算得了什么？我跟大家伙儿在一起的时候也会唱歌。不行啊，你这个小兄弟，你得不夹在鸟群里也能唱才行。要是你有本事，就单独对我唱……喏，你把待在那儿不唱的那一只拿给我！把那只一声不响的鸟拿给我！它不出声，可见它留着一手呢。"

大学、科学、医学——是一种生活。但还有另一种生活：鸟雀、动物、小商贩、古怪的爱好者、莫斯科烟囱广场上空的太阳——这便是生活本身，这种生活对他来说更为亲近和必不可少。他以年轻而敏锐的目光吸取着一切。一个卖货郎顶招人喜欢，那个人告诉他"一只野兔，要是你狠狠地打它，就能让它学会点燃火柴"，还有一个戴着毛皮帽的古怪的爱好者也很有趣，他看着一切，评头论足，但是因为贫穷什么也不买。甚至严格的中学老师也给他留下了深刻的印象，这个人是个狂热分子，被大家称为"代词老爷"（接下去还有更多契诃夫式的语言）。在这些字里行间没有嘲弄或是苦楚，却充满着生活的感觉——这种展现和讲述的天赋让可怜的亚历山大没有教导他的资格。这不是《无父儿》。这里没有什么可教训的。

另一篇故事被命名为《精神错乱》，以另一种方式与莫斯科的同一地方相关联。这篇小说写得较晚，写在1888年，那时契诃夫已经不住在这里了。该篇小说被收录在纪念不久前去世的加尔申的合集中。文中见不到丝毫的微笑，就像加尔申本人也无法再微笑了一样。

11月的傍晚，刚刚下过一场雪。一个年轻的艺术家和一个医学院大学生说服了一个腼腆而身体虚弱的法律系大学生去逛窑子，所以这便是关于这次旅程的故事。它以这位法律系大学生的精神错乱的发作而结尾。他看到了这个世界上最庸常的人和事。

一切都发生在当时著名的索博列夫胡同，那里全都是妓院——相隔几步之遥便是那个格拉乔夫卡街，也就是帕维尔·叶戈洛维奇在莫斯科第一个栖身之处的所在地。

这个故事既阴郁又沉重。其中有一些主题显示出了对于卖淫的反对。契诃夫认为，它"散发着排水管的潮湿气味"，"但是我的良心至少是平静的：我以我想要和能够的方式向逝者加尔申致敬。作为一名医学院学生，在我看来，我按照精神医学的所有规则正确地描述了精神上的痛苦"。

他谴责苏沃林在《新时代》里没有刊登任何有关讨论卖淫的文章，"要知道这比恶更加可怕。我们的索博列夫胡同——就是一个奴隶市场"。

然而，艺术家的属性在他身上是摆脱不掉的。后来他写信给这位苏沃林："文学协会的作家们、大学生们、叶芙列因诺娃、普列谢耶夫、姑娘们和其他一些人到处向人夸赞我的《精神错乱》，而只有格里戈罗维奇注意到了第一场雪的描述。"

这一描述的确是非常出色的。从艺术上来说，这是小说中最好的段落。但总的来说，这一篇《精神错乱》已经开启了通向《萨哈林岛》的小径，并延伸得越来越远：在他写作的所有内容中，他对人类的生活都讲了苦涩的话。对于阴郁、负担、不公和被人压迫，他都非常了解。他并没有对此沉默。

* * *

1884 年，契诃夫从莫斯科大学毕业，成为一名医生。他在烟囱广场的生活就此结束。在这一年的年底，这位朝气蓬勃、身强体壮的年轻人似乎第一次出现了咯血。不能说他以认真的态度对待这事（"不像个肺结核病人"），但还是……"身体不适使我有些恐惧"；另一方面，这也"带来了……很多美好的，几乎是快乐的时刻。我得到了很多真诚、友好的同情。生病之前，我不知道我有这么多的朋友"。

医生契诃夫

早在 1880 年，当安东·帕夫洛维奇还是一名大学生时，他的弟弟伊凡就通过了教区教师的考试，并在离莫斯科不远的小城沃斯克列先斯克找到了一份工作。现在，帕维尔·叶戈洛维奇已经无法再为他拟定"作息安排表"，或是再与他在格拉乔夫卡大街的逼仄陋室里因为裤子而争吵不休了。伊凡在沃斯克列先斯克分到了一处大房子，住所是如此宽敞，以至于夏天的时候叶甫盖尼娅·雅科夫列夫娜和玛莎以及整个家庭都可以来他的别墅度假。安东·帕夫洛维奇也去了那里。沃斯克列先斯克就像兹韦尼哥罗德一样，在他的生活中扮演着某种角色——既在医学领域，也在文学领域。

这都是些可爱的地方，有着莫斯科郊外柔和明媚的风景，这个并非行政中心的小城有教堂和宽阔的街道。相距不到两公里的地方是新耶路撒冷修道院，那里每个星期天都有复活节祷告。（"新耶路撒冷的特色"——契诃夫在信中指出，他当然是十分了解礼拜仪式的。）

兹韦尼哥罗德市位于高高的莫斯科河岸边的不远处，可以远眺草地和奇异的森林。在一片深蓝色之中，古多维奇伯爵庄园的老房子闪闪发光。在兹韦尼哥罗德市也建有修道院——圣萨瓦修道院。这是一座建于14世纪的教堂，属于我们建筑历史的一部分。它独立于世，高耸在草丛和森林之上。它那白色的古老立方体上面矗立着像头盔一样的金色圆顶。教堂虽小，但庄严而高贵，就像是德米特里·顿斯科伊和库利科沃战役时代的一位战士。从兹韦尼哥罗德和它的修道院、教堂那里可以感受到亮堂的开阔之感和令人肃然起敬的庄严感。

自1881年以来，还是大学生的契诃夫夏天就在沃斯克列先斯克附近的地方自治局医院工作，在阿尔汉格尔斯基医生手下工作。这是俄罗斯知识分子的极盛时期。他们每天晚上都聚集在阿尔汉格尔斯基医生那里。显然，很多都是年轻人。

他们所有人都在阿尔汉格尔斯基的茶炊聚会上进行"自由谈话"。"关于萨尔蒂科夫·谢德林的事不离嘴边——他们非常富有激情地谈天说地。"

当然，所有这些契诃夫也都做了，也许还开了些玩笑，说了什么俏皮话。当然，他并没有夸夸其谈，更多的时候是在用手指缠绕着胡须，静静地观察。

稍后的时候，在1884年，他成为一名医生，就在兹韦尼哥罗德市任职——代替了因结婚而离职的医生。这给了他很多的写作素材（那时的他对此并没有多么重视）。非常著名的、演员们都听腻了的那篇《外科手术》便诞生于此地。与兹韦尼哥罗德有关的还有《塞壬》《死尸》这两篇作品——在小说中我们不得不和调查员一起去验尸。

正是在这个时候，伊凡·帕夫洛维奇认识了当地的地主基谢廖夫。他在巴布金诺拥有一座庄园，距沃斯克列先斯克5公里远。与基谢廖夫一家相识的还有玛丽亚·帕夫洛夫娜，那时还只是玛莎——她后来与基谢廖夫的妻子玛丽亚·弗拉基米洛夫娜成为好朋友。

事实证明，这场相识对于契诃夫一家人来说都非常愉快而有益，对于安东·帕夫洛维奇来说甚至是十分重要的。

亚历山大·谢尔盖耶维奇·基谢廖夫是沙皇尼古拉一世时代的大臣和著名活动家帕·德·基谢廖夫的侄子，几乎也是农奴解放的预言家。这是80年代的一位温文尔雅的开明人士，具有自由主义倾向的贵族绅士，思想肤浅但颇具魅力。他总是负债累累：他在巴布金诺的庄园一次一次地被抵押，他不得不想方设法弄些钱去支付利息。（《樱桃园》的构思正是来源于巴布金诺，虽然樱桃园本身并不是出自这个地方。加耶夫[1]"在银行的差事"——就像是位于卡卢加那里的一家银行——基谢廖夫在艰难时期也曾做过。）他的妻子玛丽亚·弗拉基米洛夫娜从文化水平上来说跟他不相上下，但是更加严肃认真一些。她有时还从事文学创作，写一些儿童文学作品。

1885、1886和1887年的夏天，契诃夫家族都是在巴布金诺这个地方度过的。庄园很大，豪华阔绰，有老爷的房间，带有英国式花园，周围都是树林和草地，附近有河流流过。庄园里有一座耳房——是单独的一栋小房子，契诃夫一家就租住在此。最主要的是他们与主人一家，这些拥有良好文化素养的人相处得十分愉快。住宅里有许多书籍，来自莫斯科的演员和音乐家们纷纷来此做客。这不是列伊金，也不是

---

1 契诃夫剧作《樱桃园》中的主人公。

《花絮》。在契诃夫的生活里总是充满了许多琐碎的日常行动和景观，文化环境的熏染则并不多。而在基谢廖夫的家里他便受到了这种熏陶，就像后来他与苏沃林一家的结识一样，这对他起到了很好的作用。契诃夫一家是一种生活：弟弟伊凡、叶甫盖尼娅·雅科夫列夫娜、妹妹玛莎，更不用说帕维尔·叶戈洛维奇。而基谢廖夫一家是另一种生活：他们的家庭图书馆、杂志、风雅贤达的宾客们，那些络绎至此的歌唱家、演奏家——如叶弗列莫娃夫人每到傍晚便为他们演奏贝多芬和其他经典作曲家的乐曲。也许，柴可夫斯基最早进入契诃夫的视野也正是在基谢廖夫家里发生的。在马克西莫夫卡村"写生"的列维坦一开始住在从一个酒鬼陶工那里租的小木屋里，后来，他也搬到了巴布金诺，住进了一间小厢房（巴布金诺庄园里既有大些的厢房，也有小些的）。

契诃夫与列维坦的相识早在莫斯科：哥哥尼古拉在绘画与雕塑学院学习，与列维坦是同学。列维坦在气质上来说与契诃夫非常契合。这是一个瘦削的、有着优雅的面部轮廓、椭圆形脸的年轻人，给人一种懒散、忧郁的感觉，有些神经紧张。他有着一双美丽的眼睛和深色的络腮胡须，头发总是富有诗意地散落在头顶——显然是一位才华卓越的艺术家。他会穿一件天鹅绒夹克，戴着浪漫的领结和一顶大帽子。但是显然，这是一位质朴而自然的名士派风景画家，非常有天分，敏感细腻，比契诃夫还要柔和——他以自己那多愁善感的犹太人的禀赋极其敏锐地感受着俄罗斯风景。

相比之下，年轻的契诃夫更加健壮有力，也更内向，似乎让人感觉有些冷酷。列维坦的喜怒哀乐则让人一目了

《契诃夫画像》，列维坦绘

然。他可以欢欣鼓舞，陷入爱河，与九个朋友倾诉感情，从欣喜一下子转换到绝望，就像是真正的神经衰弱症患者一样。列维坦在巴布金诺过着艺术家的生活，他努力工作，为他未来的辉煌成就奠定基础——他的一生像契诃夫一样，也十分短暂。

在巴布金诺度过的这三个夏天，他都与契诃夫相处甚欢。那时的契诃夫精力旺盛。列维坦所画的《契诃夫画像》

显示了一个坚强有力的年轻人的侧影，关于此人，你无论如何都想不到，他会变为后来那个阴郁的契诃夫——这更像是一位来自民间的男子，那个来自沃罗涅日省的叶夫斯特拉季·契诃夫的曾孙。这位曾孙正坚定、自信而孤独地走向生活。

在日常生活中，他可以想出这样的捉弄人的把戏，比如：这一天又过去了，他写完了某篇《江鳕》或是《阿尔比昂的女儿》，给老婆婆看了病或是去附近村庄的病人家里出诊回来，他便可以在夜晚即将来临之际，在外面还下着滂沱大雨的时候，想出要跟哥哥一起去马克西莫夫卡村——去吓唬列维坦。他们穿上高筒雨靴，在水坑和泥泞中吧唧吧唧地走着，在黑暗的林中前行，就为了从陶工的小屋子里把惊慌的列维坦叫起来（他以为他们是强盗，甚至抓起了左轮手枪）。当然，随后他们又开始了闲扯和开玩笑。

当列维坦搬到巴布金诺的小屋子时，"契诃夫医生"在门上钉上了一块牌子："商人列维坦贷款办公室"。

他们一起钓鱼、闲逛，甚至是狩猎，都是一种宽慰。（但是，很难称赞他们在五月份的时候带着猎狗去狩猎的行为。这根本行不通。屠格涅夫要是得知此事定会大为吃惊，幸亏他已经在坟墓里了。）

他们可以哈哈大笑，摆弄鱼竿，狩猎和写作，争论艺术，去各处诊治病人。但是与列维坦相处并没有那么简单。每当忧伤向他袭来，他便走进树林，可怕的想法再次将他控制住。"艺术家列维坦与我同住。这个可怜的家伙正图谋不轨。某种精神病症开始了。他想要上吊。"契诃夫便领着他散步。

"他好像是感觉轻松些了"——然而，列维坦的生活始终渗透着强烈的悲伤意味，这赋予了他对大自然和世界的特殊体验。但在绘画中他在晚些时候才表达出这种情绪——《墓地上空》画于1894年。后来，契诃夫还要在列维坦更加糟糕的情况下陪护他。

* * *

除列维坦和基谢廖夫夫妇以外，契诃夫在巴布金诺还有其他一些朋友：基谢廖夫家的孩子们——萨沙（一个女孩）和谢廖沙。

契诃夫在很早的时候就表现出对小孩子的喜爱！他那时只有二十六七岁，他自己还洋溢着蓬勃的生命力。这不是成人般的感动，他是被孩子们所吸引。他们也爱他。

我不知道他与谢廖沙和萨沙之间关系的细节。但我确信，这里并没有什么过分的亲昵，最多是开些玩笑，一起游戏，总之是孩子们觉得有趣的那些事情。

流传下来的儿童故事《胡说八道》充满着关爱的痕迹和可爱至极的琐碎小事，但其中涉及的主题十分广泛，正是专门写给这些孩子的。这部作品得以保存下来，甚至现在还在出版——安东·帕夫洛维奇那时未必想到了这一点。这一作品无声地证明了契诃夫在忙于写作的青年时代，花了多少精力和时间陪这些像是他的朋友的孩子玩耍。不仅如此，他还在上面画了插图，所有这些都是由他亲手完成的。

后来，当巴布金诺时期结束时，在他写给基谢廖夫家长辈的信中还总是提到那些孩子。

他把萨沙称为瓦西里萨，以不同的方式称呼谢廖沙，他给孩子们起了好多绰号——流感、百日咳、年轻的科克连、芬尼克、科塔费·科塔费伊奇，但总是怀着同情。"向美丽的瓦西里萨和最亲爱的科塔费·科塔费伊奇致以最深的敬意，并祝你们胃口大开。"（1889年）"祝愿我亲爱的、令人难忘的巴布金诺的居民们……一切顺利……"（1894年）"向所有亲爱的、令人难忘的巴布金诺居民问好……"（1895年）

1888年，契诃夫已经确立了自己的作家身份，住在库德林花园大街上的住宅里，而谢廖沙则进入小学一年级，并作为寄宿者安顿在契诃夫家里。契诃夫经常把谢廖沙的情况写信告知玛丽亚·弗拉基米洛夫娜，她总是担心自己的儿子（有没有生病啊？过得怎么样啊？）——关于芬尼克的生活他是这样描绘的：

> 每天早上，我还躺在床上，就听到什么笨重的东西从楼梯上翻滚下来，还传来惊恐的叫喊声：这是谢廖沙上学去了，奥莉加送他去。
>
> 每天下午，我都能透过窗户看到他穿着一件长外套，后背背着个大书包，微笑着，脸蛋红润地，从学校回来。他是如何吃饭、学习，如何调皮捣蛋的，我都看得清清楚楚。到目前为止，都没有任何缘由让我去担心他的健康或其他任何方面。

在这封信的结尾写着"向瓦西里萨致敬"（萨沙还在巴布

金诺）。

他与孩子们的第一次相识和友谊正是始于基谢廖夫一家。

* * *

那时居住在俄罗斯中部地区是多么宽敞，即便对于不太富裕的家庭来说也是如此。虽说钱很少，但是可住的地方很多。契诃夫一家每年夏天都先是前往沃斯克列先斯克，在伊凡·帕夫洛维奇那里生活一段时间，然后再去巴布金诺找基谢廖夫一家。契诃夫家差不多每年都更换住所：他们在春天离开，废弃了旧公寓，并在秋天毫不费力地找到一座新公寓。1885年，他们住在斯列坚卡大街，1886年已经搬去了亚基曼卡大街克利缅科夫家的房子里。1888年又换了个新地址：库德林花园大街上的科尔涅耶夫家。

读到这里，您定会对他们频繁搬家的举动微微一笑，但在我们的青年时代也是如此：两三辆马车上装满了货物，厨娘坐在马车前面——她抱着那只宠爱的猫，或者为了舒适，放了一张沙发，她坐在上面，旁边还放着装金丝雀的笼子。被褥后面放着茶炊，瓶瓶罐罐发出叮叮当当的响声。

家里人当然不会坐在这些马车上，但路途也不是那么平坦舒适。例如，契诃夫一家从莫斯科到巴布金诺的旅程只有几十公里，他们在驿站租了马匹，路况糟糕，只能吃力地慢慢前行。"在叶列梅耶夫村我们用了餐。从叶列梅耶夫我们坐马车到城里走了四个多小时——这条路简直糟透了。我们在渡河的时候，安东·帕夫洛维奇赶着马车前行（已经是晚上了），差点儿没掉到泥坑里洗个澡。母亲和玛丽亚不得不乘船。在基谢廖夫的森林里，一些沉重的行李被车夫扯坏了。我们直到夜里一点才到达巴布金诺。"

但是巴布金诺还是给了他们丰厚的补偿，并且似乎永远留在了契诃夫的记忆中。

安东·帕夫洛维奇为他们在莫斯科的家庭生活增添了越来越多的色彩。显然，从早年的大学时代起，他就成了一家之主，更不用说他转变为"契诃夫医生"的时期了。帕维尔·叶戈洛维奇的风格终于消失不见，被安东·帕夫洛维奇的精神气质所取代。弟弟米哈伊尔直接道出了这一点："安东的意志已经成为主导。在我们家里突然出现了我之前从未听到过的十分尖锐的零散意见，诸如：'这是不对的''你必须要保持公平''不应该说谎'。"

在这里还需要放上安东·帕夫洛维奇写给哥哥们的一封信，在这封信中契诃夫非常罕见地以严肃认真的、教训人的语调说话——几乎像是在布道。同时他也非常直接地讲到了自己。

谈论的好像是对于良好教养的捍卫和对于没有教养的斥责，但是论述得更为广泛。他分八点列出了有良好教养的人是什么样子的。他们尊重人的个性，宽容，温柔，忍让。"不只是对于乞丐和猫"才富有同情心。他们能够还清债务，从不说谎和大喊大叫。如果他们富有才华，那么他们也会爱惜自己的才华并"尊重它"。对于他们来说，"女人、酒和舞台都被放弃了"。他们明白，自身具有的才华要求"他们应当影响别人"。他们保持日常生活的端庄仪态：他们不会穿着外衣睡觉，他们是臭虫的敌人，他们不在"肮

脏的地板"上行走。（契诃夫周围人的水平）

随即他又谈到，"有教养的"的人们在爱情上也有特别之处："从女人那里，他们，尤其是艺术家们，需要新鲜感、优雅、仁慈和做母亲的能力。"（这出自一个二十五岁年轻人的笔下，他几乎过了一辈子单身汉的生活——他爱孩子，但他没有自己的孩子，在生命即将走到尽头时，他娶了一位女演员，而不是一个想做母亲的女人为妻，他为没有孩子而感到悲伤。）

还有补充的一点："他们不会借酒消愁。"

总之，这封信中的所有内容都"非常契诃夫"。其实是描述出了他想要成为怎样的人和他期望别人成为怎样的人。"教养""教育"在这里被理解得非常宽泛，比通常我们所说的概念还要广阔。准确地说：是与自己斗争，树立某种形象和意志力。意志力通常是契诃夫的主人公们所缺少的东西，而契诃夫本人却具有坚强的意志力，他对自己有着很高的要求——他后来会告诉他的妻子——他用自己的一生印证了这封信的最后几句话："为了受到教育、获得知识并不低于周围的水平……需要连续不断的、日日夜夜的劳动，坚持不懈的阅读，努力钻研，意志坚强。这是我们每个人都要走的道路。"

克制、内向、善良、优雅、诚实、不装腔作势——这就是他想要的。这就是安东·帕夫洛维奇·契诃夫本人，他顽强耕作并取得了很多成就，其中也有一些上天馈赠的成分，不只在文学方面，在许多方面的成就都并非只取决于他自己。他是否明白这一点，还是他将一切都归因于他自己？也许，上帝爱他比他对上帝的爱更多一些。

或者，也许这番话契诃夫主要是写给哥哥尼古拉那位艺术家的（信正是寄给尼古拉的）。

他们两人，亚历山大和尼古拉，尤其是尼古拉，在某种程度上都是安东·帕夫洛维奇所背负的十字架。这两人都是他所深爱的，但他们那些粗鲁、草率、无法控制自己的特征都常常使他恼怒。

两个人都是酒鬼。关于亚历山大，安东·帕夫洛维奇直接说道：刚刚还十分清醒，安静、友善、谦逊，但喝了两杯酒，便开始漫天扯谎，变得傲慢、刻薄，很容易冒犯别人……尼古拉则在信中占据主要地位——所有这些"离家出走"（"简直无法和你们一起生活"），返回，浮夸之语，脑子不清醒，与父亲的冲突，艺术家的放纵，都发生在他的身上。

亚历山大最终结了婚，在海关找到一份工作，但随后他丢掉差事，在苏沃林的《新时代》为了文学创作而苦苦挣扎。知名的弟弟安东则完全遮盖住了他。

在照片中，这是一个戴着眼镜的男人，留着浓密但修剪整齐的胡须，穿着那个年代的过浆衬衫，一副80年代不起眼的小官员的模样：妻子，许多孩子，毫无希望的生活。而实际上他受过良好的教育，高于自己所处的环境并怀有精神上的需求，但是缺少才华——契诃夫家族的才华后来在他的儿子米哈伊尔[1]，一名出色的演员身上得以闪现。

尼古拉与家庭的关系更加紧密了，他更多地与家人们

1　米哈伊尔（迈克尔）·亚历山大洛维奇·契诃夫（1891—1955），戏剧演员、导演，1912年进入莫斯科艺术剧院工作。20年代末开始在德、法、英、美等国从事创作，并教授其独创的演员表演训练法，影响深远。

亚历山大·帕夫洛维奇·契诃夫

来往，克制自己，忍耐，消除误解。

在这一转折年代里，契诃夫的家庭负担并不轻。

*　　*　　*

　　我到处奔波。每天都不得不在雇佣马车上花费一个多卢布。

这是一位年轻医生写的，他的地址是：斯列坚卡大街，戈洛温胡同，契诃夫医生。

> 我添置了新家具，买了一架好钢琴，雇了
> 两个仆人，在我举办的音乐晚会上人们唱歌和
> 弹奏。

这里与他们并排睡在地板上的格拉乔夫卡大街的半地下室公寓有很大的不同。曾几何时，叶甫盖尼娅·雅科夫列夫娜的所有资产只有四个戈比，玛莎的学费是由他人支付的。（安东·帕夫洛维奇第一次出钱付学费简直是一次伟大的胜利。）

现在甚至有了盈余。每天花在马车上的钱就有一个多卢布！您看到这里不必微笑。在那个年代，十戈比、十五戈比甚至都可以在莫斯科走很远——可以从花园环路走到市中心，这是毫无疑问的，所以引以为傲的"一个多卢布"是可以理解的：这意味着出诊已经相当多了。

医学贯穿了契诃夫的一生，一直到生命的最后他仍保持着对医学事业的尊重。他甚至认为，即使作为一名作家，他还是欠了医学很多——这里他说得有些夸大了。他的清醒和理智是与生俱来的，来自沃罗涅日的曾祖父。而对科学的信仰则是一种相当幼稚的信仰，正如当时许多人所想的，意图用科学来代替宗教，形成了他在人们心中的形象。这也美化了他所受教育的本质。

医学实践拉近了他与他人之间的距离，给了他丰富的经验。有什么人是医生没见过的呢，能认识多少副面孔，多少种生活状况、不幸、痛苦和悲伤呀！所以这给了作家契诃夫很宽广的创作空间。

那个时代的俄罗斯医学充满了慈善精神。奇怪的是，许多地方自治局医院的唯物主义者都喜欢读达尔文的著作（契诃夫本人也读得入迷："我正在读达尔文。好极了！我非常崇拜他。"）——他们实际上更接近于善良的撒玛利亚人，而不是东正教徒。

俄罗斯医术的遗训便是秉承对病患者怀有同情之心的道德品质，这被契诃夫毫不费力地接受了：他继承了这一传统的外在和本质。契诃夫年轻时的所有笑话和嘲讽背后都隐藏着对悲伤和同情的理解。头脑里可能装着的是达尔文，但叶甫盖尼娅·雅科夫列夫娜的精神气质从未离开过他的心灵。

无论医学事业对他来说是多么有益，他都无法长期驻足于此。他做医生的时间并不长。

外部原因似乎有两个。比如他给患者开了药，然后就去忙另一件事了，但是时间流逝，到了晚上，不安的心情就开始折磨他：好像有点儿问题。药方里写了克数，但是逗号写到哪个地方了？这让他更加紧张地回忆，又去本子上核实：是的，我错了。不该把逗号点在那个位置，药算是白开了。如果药剂师发现了这个错误，那么开药的医生会感到尴尬，而如果药剂师没有发现问题，就照着药方配药，那就更糟了。

大约在半夜时分，他跟弟弟米哈伊尔一起，坐上一驾跑得飞快的马车，赶到莫斯科的另一头寻找病人。想必，深夜的突然到访会让人感到非常惊讶。药方还没有送到药铺，一切都进行得很顺利，但是契诃夫不是那种能够马上冷静下来的人：诚信和正派的品行非常牢固地扎根于他的内心。心情不悦的痕迹仍然无法抹去。

另一个例子表明，也许，在健康和强壮的外表下，契诃夫的内心有些神经紧张，焦虑不安的成分对于一个医生来说是不合适的。他对病人的关切过多了。

一次，他给整个一家子的人看病。有四个人害了伤寒。母亲和成年女儿都去世了。契诃夫悉心看护病人，这家的女儿就握着安东·帕夫洛维奇的手死去了，一直到死也没有松开。"这给作家留下了深刻的印象，以至于'契诃夫医生'的牌子被从家里的大门上摘了下来，再也没挂上去过。"

但是，他放弃医学事业未必是因为这些。更确切地说，大概是因为他身上作家的属性更强一些。天赋让他不得安定。天赋本身就是某种不安的搅扰。或者这并不是天赋，而是业余爱好者的些许才华，也就是说，不是命中注定的，而是偶然的；或者说，如果真的是天赋之才，那么就会将一切遮蔽。艺术天赋没有半瓶子醋。或是有或是没有。想要在文学上写出点儿名堂来，必须要献出自己的一生。

契诃夫的天赋是如此生动、无可争辩且与众不同，他如何能与那些药方或是伤寒病安稳相处呢？契诃夫后来也在乡村治疗了很多病人，防治霍乱，扶持医学杂志，但他的宝藏不在那里，而"您的宝藏在哪里，您的心也将在哪里"。

他的第一本小说集被命名为《梅尔波梅尼的故事》[1]。这本故事集还是以安托沙·契洪特这个笔名出版的。但是

---

1 该小说集出版于 1884 年。

列伊金和《花絮》的时代已经结束了。契诃夫不喜欢提起《梅尔波梅尼的故事》。在这一作品之后孕育出的《杂色集》（1886）才是真正的契诃夫的首次出现。这本以棕色的廉价封面装订的小书第一次向许多人展示了（其中包括身处俄罗斯偏僻之地、此后永远被其征服的一名中学生）一位出色的作家：安东·契诃夫。

而写下它的人已经再也无法偏离这一道路。契诃夫医生的时代结束了。

声名鹊起

> 您加长了《粉红色长袜》的结尾。我可没有得到新加上的那行字额外的八戈比稿费，但是在我看来，"男人"出现在结尾并不合适。小说讲的是关于女人的事儿，但总之，我无所谓。

这是契诃夫在1886年从巴布金诺写给列伊金的信。列伊金从自己那些"琐碎"的考量出发，自己给契诃夫的小说又加上了一行！

契诃夫从小就习惯于克制，而最初的文学探索也教会了他服从——现在他也是这样做的。这个出版商列伊金出版了《杂色集》……他也不是第一次忍受编辑的肆意修改。也就是说，他应该是在深思熟虑后冷静地回答"我无所谓"的。

也许，契诃夫本人认为，因《粉红色长袜》而掀起一番波折是不值得的——在两三个月前，他收到了格里戈罗维奇的来信——这是一位蓄着络腮胡子的贵族绅士，屠格涅夫的忠实好友，严肃文学界的重要人物——他的信件引起了契诃夫的特别回应：

您的来信，我善良的、万分爱戴的人，像雷电一样击中了我。我几乎激动得大哭起来，坐立不安，现在我觉得它在我的灵魂上留下了深刻的印记。您是如何爱抚我的青春的，希望上帝也如此安抚您的晚年，我实在无法找到任何语言或行动来感激您。

一位真正的、非常有名望的作家在艰难而崇高的道路上祝福他。这是多么迫切的需要呀！这出现得又是多么及时——的确，在契诃夫的生活中，他正需要的东西总是会在某个时刻出现。

私底下契诃夫当然感觉得到，在他的内心已经生长出了比列伊金和他的《粉红色长裤》更宏大的东西。但是惯性依然存在，他缺少足够的勇气。格里戈罗维奇不算是个伟大的作家，但他对文学十分了解，他的伟大之处就在于他很早就注意到契诃夫，并以自己的来信鼓舞了他。

如果我具有一些值得尊重的天赋，那么我要在您纯洁的心灵面前忏悔，我至今没有尊重自己的才华。

在五年间我穿梭在各个报纸间，在上面发表零散的小品，我很快就习惯于宽容地看待自己的作品——并去不停地写作！记者是如何写下火灾报道的，我也是怎样写下了自己的故事。

信中激动的情绪、兴奋的语调让人惊讶。契诃夫通常不是如此的——但他现在还是个年轻人，并且涉及对他来说最为重要的文学创作。有一种观点认为，他不是一个感情丰富的人。如果涉及友谊、爱情的话，那么这种论断大体上是正确的。但对待文学他并非如此。他是缓慢地，犹豫不决地，带着不自信的谦恭进入到文学世界里的，在每个真正的作家都经历过的那一刻，文学便蒙蔽了他的双眼，占据了他的全部灵魂：当然，家庭——父亲、母亲、兄弟、妹妹仍然在，还有我们所不甚清楚的，他作为一个男人的私生活，但这都是排在第三位的。契诃夫在任何方面都不像福楼拜，除了唯一的：如果让他在自己心爱的女人和文学之间作出选择的话，那么他片刻都不会犹豫。福楼拜年轻时，有个叫卢伊扎·科列的女人阻碍了他的文学创作，他与她分手了，但过程却没那么容易。在契诃夫的年轻时代，则根本就看不到什么科列。他的眼中看到的只有写作。所有的一切都归结至此，其他的都是附属品。《没意思的故事》中的教授说道，他对骨髓的兴趣比探究世界存在目的的兴趣要多得多。契诃夫真的只对如何建立故事、如何更好地写出每个句子感兴趣。（在那个闭塞的时代，几乎只有他一人能够说出要关心散文写作的音乐性这一点。福楼拜他是后来才读到的，好像还是比较欣赏的。但是他未必能去读法语——福楼拜的作品在 19 世纪的俄文译本简直糟透了，根本没有传达出福楼拜的语言特色。在这里，契诃夫也像在所有其他方面一样，一直是个独行者。）

　　自 1886 年秋天起，他在离库德林广场不远的库德林花园大街的一座两层独栋住宅里住下来。从照片中您可以轻

契诃夫在库德林花园大街的住宅

松地辨识出这像是一座塔楼——侧面凸起的普通建筑，房前带有小花园。似乎有几层红砖，至少也掺杂着五颜六色的砖块，屋顶是绿色的，十分适合光怪陆离的莫斯科。花园路当时的确是处于花园中的，也就是说，在房子周围延伸着一片小花园，里面有灌木丛、树木和花。在整个莫斯科周围都是如此（花园大道是环形的，就像巴黎的外林荫大道）。

这所房子属于契诃夫的熟人科尔涅耶夫医生。一楼是办公室，二楼是其他房间，有一间客厅，里面放着钢琴。年轻人聚集在那里，愉快地吵吵闹闹。空间十分宽敞，整个家庭在这个居所生活得相当不错。

契诃夫严肃意义上的文学创作正是始于这座位于库德林大街的房子。他在这里生活了几年，获得了文学艺术上的成长，就在那里，在他健壮的外表下，在玩笑和俏皮话之中，他所不曾提及的其他东西变得越发强大，这一元素越来越稳固地出现在他的写作中。"幸福是存在的，但如果它被埋在地下，又有什么用呢？"这是草原上的老牧人说的话——谈话是关于宝藏的。有某种宝藏，埋在这里，但是在哪里——不知道（《幸福》）。要是能找到它就好了，但没有成功。

在迷人的《芦笛》中也有一位牧人，但风景却有所不同。秋天，正淅淅沥沥地下着小雨。他也是个森林巡查员，有个响亮的名字叫作梅利通。谈话是忧郁的。

——四十多年来，我年年看着上帝的作为，认定样样事情都走上了一条路。
——走上了哪条路呢？
——走上了下坡路，年轻人。……大概是毁灭的路。……上帝创造的这个世界已经到该要毁灭的时候了。

这位牧人，可怜的卢卡，为世界而感到惋惜。

——土地啦，森林啦，天空啦……每种生物啦——所有这些东西原是创造出来，互相配搭，各有各的智慧的。现在样样东西却都要毁灭了。其中顶可惜的就是人。

其实，世界因为什么要毁灭呢？卢卡发现一切都越来越糟。河流变浅，森林消亡，野禽变少，甚至是"老爷们"

也筋疲力尽，才智枯竭了。

为什么一个年轻的作家，富有魅力和机智，声名日隆，也没有神经衰弱，却越来越趋向于悲伤呢？当然了，这不是他在说话，而是卢卡，就像在《没意思的故事》中一样，不是他，而是教授在说话；就像在《伊凡诺夫》中也不是他在开枪自杀，而是伊凡诺夫——契诃夫总是藏在附属者的身后，但他无法完全躲藏起来。

每个灵魂都以自己的方式思考，都以特别的样子被创造出来。"孤身者如处荒漠。"——帕维尔·叶戈洛维奇早就说出了这样的话。安东·帕夫洛维奇受到艺术天使的祝福，并被赐予了一滴毒药，没有这一毒药，艺术就难以维系。这毒药便是悲伤。世界与生活既美好又悲痛。即使是美好的，它的转瞬即逝也会伤害到人们。而后，还有做什么、是为了什么，有什么意义、目的，如何理解人的使命这一系列的问题。

列伊金可以终其一生说些俏皮话，开怀大笑，想法子赚钱并感到自我满足。（"每时每刻，这个坏蛋，都在自吹自擂并带着问题烦扰别人：'您知道吗？我的《基督新娘》已经被翻译成意大利语了！'"）契诃夫不会这样做。他是个自尊心很强的人，有时对身边亲近的人会脱口说出自己的成就，但对陌生人则缄默不语。

而哪里有意义，哪里有真理，他却是不知道的。"幸福是存在的，但如果它被埋在地下，又有什么用呢？"这一切都让人深感难过。

* * *

现在他不再在列伊金那里发表作品了。1886年2月，他的短篇小说《安灵祭》刊登在《新时代》上。从此开始建立契诃夫与主流报刊和苏沃林本人——一位很有才干和特立独行的人的密切联系。这种紧密联系对于契诃夫来说十分有益，无论在内部（写给苏沃林的信在他的书信中是最为有趣的），还是在外部：与苏沃林的交往推动了他的文学创作。这已经不是《花絮》了。

在同年的稍晚时候《杂色集》出版了——这是以"契诃夫"署名的第一本小说集。

这部小说集大获成功。"我已经开始享受荣誉：在餐厅里有些人认出了我，时不时地向我献殷勤，还请我吃三明治。"

虽然契诃夫会自我揶揄一番，但还是感到很愉悦。"科尔什在剧院里逮住了我，第一件事就是给了我一张季票。裁缝别洛乌索夫买了我的书，在家里大声朗读，并预言我将有着光明的未来。"熟悉的医生们也感叹道，他们早就厌倦了医学，但文学——可是另一回事。

在深秋他来到彼得堡，在那里他更加强烈地感受到了自己的声名鹊起。"这些天我整日都在城里跑来跑去，去拜访朋友们并听到各种赞美。""在彼得堡我成为流行的时尚。""那些编辑们对严肃的科罗连科不甚知晓，但整个彼得堡都在读我的零碎玩意儿。甚至连参议员戈卢别夫也在读。"

这一切都是自然的。契诃夫天生理性，自制力强。但是年轻的作家还是很难保持心态的平衡。在最初的成功中，他们总是觉得自己是世界的轴心。甚至连契诃夫也陶醉了。

所有人都经历过这一阶段，契诃夫比其他人更为自制，但在契诃夫那时的信件中还是有着某种自信，与人交往时的语调也提高了许多。

下一年，1887年，他的声望持续增长。苏沃林出版了契诃夫的一本小说集。这本集子（《在黄昏》）是献给格里戈罗维奇，他的第一位人生导师的，同样也广受好评。是啊，怎么能不让人印象深刻呢——小说中的一切都是新鲜的、充满活力的、悲伤的、人道的、令人感动的（如《在路上》《复活节之夜》）。

同年秋天，在科尔什剧院的休息室，他遇到了剧院的主人费多尔·阿达莫维奇。如果您还记得科尔什的话，就能非常清楚地想象这次会面。

他会拍着肩膀，"亲爱的""妈妈呀"，以一种毫不拘束的友善语调交谈——尽管他对契诃夫知之甚少，只听说这是一位才华横溢的年轻作家，也许他还曾读过《花絮》里的什么。但他未必能抽出工夫去阅读《杂色集》或是《在黄昏》。但是剧院需要剧本，大家都在谈论这位年轻作家，所以不应该错过这个机会。

——老弟，您怎么总是一直写小说呢，您应该给我们写个剧本……

也许他像往常一样亲切地拥抱他，领他到自己的办公室。他的办公室就在剧院里，那里有一张写字台和一张沙发，科尔什没事儿的时候就喜欢躺在那儿休息。

在这里，谈话变得稍微严肃一些：需要一个剧本，在某个期限之前，有哪些条件。给出的条件是不错的，两人也进行了讨价还价，晚些时候才最终商定——契诃夫已经开始意识到自己的价值。科尔什十分想要得到这个剧本，而契诃夫也需要钱。剧院本身也颇具吸引力——对于作家来说，剧院一直是一个极具魅力的引诱者，契诃夫以前就被其深深吸引（除了少时所写的《无父儿》，他还写了其他一些剧本，但还没有作品登上舞台。剧院对他是具有吸引力的）。总之，不管出于哪些原因，他接受了这个提议。

"在与科尔什交谈后，我无意中写下了这出戏。我本想躺下睡觉，但想到了一个主题然后就写了出来。"

说得轻巧，但却真实而生动。一个人被谈话、成功（是剧院经理本人来找他）和机会所鼓舞，感到兴奋不已。他上床睡觉，也许，并没有什么特别的考虑。但是黑暗总是能激发想象力。某种精神资源，或者说某种可以燃烧的物质早已存在——一点燃火柴，便燃烧起来。也许，那个晚上契诃夫睡得很晚。但剧本已然成竹在胸。

据了解，他通常要考虑很久，但写得很快。这一次，他酝酿的时间不长，写得也很快——他在两周之内，更确切地说是在"十天之内"就写好了《伊凡诺夫》。他一幕一幕地呈送给科尔什审查和排练。这部剧与后来的《海鸥》和《樱桃园》有所不同。福楼拜要是知道的话定会惊恐不已。老作家格里戈罗维奇也未必会对之赞许：契诃夫并没有完全遵守自己信中对领路者的诺言——而且还是以戏剧这种最难的形式在进行创作。

即便如此，天才般的《伊凡诺夫》还是诞生了，但全然不是科尔什想要的喜剧，而是一部十分阴郁的剧作，有着沉闷、晦暗，简直是绝望的调子，将作者一直以来暗藏的悲惨世界呈现了出来。主要人物伊凡诺夫属于多余人的行列，是俄罗斯外省的哈姆雷特。这一形象的鼻祖是屠格涅夫创作的，但契诃夫笔下的主人公却更加尖锐和苦涩。颇为奇怪的是，显然在走上坡路的、年轻而富有魅力、睿智而有才华、被众星捧月般视为珍宝的作家，会对这样一个神经衰弱的失败者伊凡诺夫感兴趣：他毁掉了妻子的生活，又几乎葬送了一位热情洋溢的姑娘，并在剧末开枪自杀。

剧中一直笼罩着阴沉的迷雾，让人感觉憋闷，而且始终贯穿着一种不祥的预兆。伊凡诺夫的形象被刻画得极具说服力，一些次要人物也非常出色（沙别利斯基），萨拉的形象十分鲜明，有着闪光点（是"屠格涅夫家的姑娘"的继承者）——总之您是不会喜欢这部戏的。剧中有许多切合实际的、强烈的东西，但缺少契诃夫式的魅力。

1887年11月19日，契诃夫一家人都坐在剧院一楼侧边的包厢里。作者本人则坐在舞台后面的"一个类似牢房的包厢里"。"出乎意料，我十分冷静，并没有感到激动不安"，这便是"被告人"的供词，但只有缺少戏剧创作经验的人才会相信这样的话。我们不能相信契诃夫的话——他只是有着很好的自控力罢了。

担心的确是有理由的。该剧既获得巨大的成功，也受到了观众的抗拒。剧院里有人在鼓掌，也有人喝倒彩。妹妹玛丽亚·帕夫洛夫娜差点儿晕倒，他们的朋友久科夫斯基则心跳加速——总之契诃夫一家在包厢里都十分紧张。

但总的来说，戏剧得以成功上演，甚至比预想的还要好。谢幕时作者被请到台上致谢。在后续的演出中演员们发挥得越来越好，《伊凡诺夫》被列入该剧院的常演剧目中。

契诃夫本人认为，这出戏是按照剧院的规则"正确地"写就的，自然便对它冷淡了下来——并且，我们从他的信中也难以作出明确的判断：玩笑话总是与严肃的话混在一起，也不知道他是否把自己的心里话和盘托出。然而，在一件事上，您不应判断错误：现在感觉在形式上已然过时的《伊凡诺夫》，在那时是脱颖而出的。也许，伊凡诺夫这个形象本身在当时的俄罗斯也是颇具深意的。

12月契诃夫抵达彼得堡。他的名声不断增长。他也更加陶醉于其中。

　　我感觉自己被捧上了天。

　　我每天都结识新朋友。比如，昨天，从上午十点半到下午三点，我都坐在米哈伊洛夫斯基家里，与格列布·乌斯宾斯基和科罗连科在一起：吃饭、喝酒并友好地聊天。每天我都与苏沃林、布连宁和其他人会面。所有人都争相邀请我，奉承我。大家对我的剧本都兴奋不已。

　　我还认识了一些女士。收到了一些邀请。我会去的，尽管在他们每个啧啧称赞的话语背后都能听到"心理病态"（布连宁这样评价伊凡诺夫）这个词。

在这一次的彼得堡之行中，他结识了一位同龄的作家谢格洛夫-列翁季耶夫。谢格洛夫不是奥利姆普·米哈伊洛夫斯基、科罗连科和苏沃林这些人，而是他的好兄弟，一个可爱的人，契诃夫后来许多年都与他保持着友好的关系。他们之间的交往正是那个年代俄罗斯的样子，甚至和我们这一代文学青年都是何其相似啊！

契诃夫住在莫斯科旅馆。谢格洛夫前去拜访他，契诃夫不在，他便留下纸条到楼下餐厅里等待，并在那里等到了契诃夫。谢格洛夫以前从未见过契诃夫，他描述当时的契诃夫："在我面前站着一位高大挺拔、身材匀称的年轻人，衣着朴素，外省的风格，率真而令人愉悦的脸庞，一头浓密的头发向后梳着。他的眼睛愉快地微笑着，时不时地用左手轻轻捋一捋自己的小胡子。"

一刻钟之后，他们已经友好地畅谈起来，好像已经认识了十年似的。显然，他们一起吃了饭，喝了酒，开怀大笑。从"莫斯科旅馆"又前往酒馆，在那里更是相谈甚欢。凌晨两点多的时候，他们在大门口告别，互相称呼着对方"让"和"安图万"。

谢格洛夫本人是喜剧《在高加索山区》的作者，该剧也取得了巨大的成功，并不逊色于自己的新朋友——这就是80年代的俄罗斯外省，"让""安图万"……

* * *

返回莫斯科以后，契诃夫回到库德林大街上的住宅，坐到窗户正对着花园的办公室里。窗外已是白雪皑皑，他开始写作——现在要写的与《伊凡诺夫》正好相反。我不知道这个主题是如何悄悄靠近他的，但这是一个罕见的主题。它从灵魂深处浮现，是多少年前的童年记忆。一切都经过了艺术的改造，没有直接的自传印记，但一切又都是自己的真实体验。

《草原》所描述的，是俄罗斯南部小男孩叶戈鲁什卡被带到大城市去上学的故事。三个人坐在四轮马车上远行：男孩的叔叔库济米切夫、神父赫里斯托福尔和叶戈鲁什卡本人。没有什么神经衰弱症患者——"契诃夫式的主人公"。有的只是对于这次旅行，对于叶戈鲁什卡、赫里斯托福尔神父、库济米切夫叔叔和草原本身的描述。炎热的盛夏，辽阔壮丽的风景，快活的游泳，宁静平和的夜晚，犹太人开的小旅馆，滂沱大雨，载货的大车，叶戈鲁什卡被暂时安置到大车上——这又有了描述各种潘捷列耶夫、德莫夫、基留赫和其他一些俄罗斯农民的理由。叶戈鲁什卡被送到了该去的地方，他作为寄宿生被送达——小说便到此为止。

契诃夫只是想写一些遥远过去的、他所曾看见和所爱的、他所曾经历过的生活。没有意图，没有"思想"，没有类型或概括。他似乎有些腼腆，想出了一个副标题"一次旅行的故事"。这是什么？一个短篇小说还是中篇小说？很难定义。篇幅很长，几乎是他写得最长的一部作品了，但却没有情节、发展和行动。

这个《草原》是如何降临在他内心的？他自己也感到有些惊讶。但这部作品可没少占据他的时间，与之前的作品相比，他在上面下了更多的功夫，并且取得了更丰硕的果实！他在自我陶醉中写了整整一个月的时间，即整个1

月份，在 1888 年 2 月 3 日完稿。他一会儿觉得这是令他"不满意"的"小玩意儿"，一会儿又认为这是自己的"杰作"，一会儿说它"没有干草的气息"，一会儿又说"有些地方是散发着干草气息的"，但总的来说里面有些奇怪的东西，非常具有独创性。

后一论断完全是正确的，而且更好的说法是：独具一格。非常质朴又独具特色。从当时流行的文学作品来看，这部《草原》显得格外突出。当时人们并不这样写作。即使到现在，他们也写不了这么好。已经过去了六十五年，但是大家还在反复阅读，就好像它是昨日才诞生的一样。在这部作品中存在着一些语言上的小瑕疵，有着（那么一点点儿）关于果戈理的草原的记忆，有一些拟人化的倾向——总之这是"大师的早期风格"。正因为如此他才是契诃夫，他短暂的艺术创作生涯一直在向上攀登。不管怎么说《草原》仍然是一次巨大的成功。

他说这是一部杰作，同时又荒唐地认为这是一部不起眼的小玩意儿，并不是看错了。

《草原》是他最直抒胸臆的作品之一，所描写的恰恰是那些他本人（特别是作为医生和达尔文仰慕者的契诃夫）所不甚了解，但也不需要他去理解的问题。《草原》只是一首诗，没有什么可理解的，只需去欣赏。这种欣赏会让人提升和净化。草原对人的影响是有益的，这是极美好的东西。这就是为什么只有当你重新阅读它时，方能感受到欢乐与光明，虽然悲伤、寂寞和死亡，以及生命的奥秘都仍是存在于其中的。

在这部作品中，契诃夫第一次详细描写了一位俄罗斯神父。叙利亚神父赫里斯托福尔带着一种轻松、愉悦的精神气质贯穿着整个叙事，这恰恰是一种充满善意的、仁慈的精神——"一个身材矮小的长头发老人，穿着灰色的帆布长衫，戴着一顶宽边大礼帽，扎着刺绣的彩色腰带。"他身上老是冒出柏枝和晒干的矢车菊的气味。他不会因为什么而感到困惑或惊讶，他总是仁慈和善，泰然自若，他说的话总是睿智可信，而且心无城府。赫里斯托福尔神父是一个受过很好教育的人，他年轻时本来应当进入神学院，继续精进学业，但是他不想抛弃年迈的父母，便留在本地当了教区的牧师。正是这个人现在支撑着小男孩叶戈鲁什卡，使他变得更加强大和成熟。"罗蒙诺索夫也曾和渔民们一起上路，但是，他后来成为名满欧洲的大学者。"当叶戈鲁什卡在被暴雨淋湿后生病时，他立即治好了他（在晚上用醋和油为他擦洗身体，为他祷告）——实话说，看起来像是把他完全治愈了。

早晨，他做完祷告后回来，"微笑着并闪耀着光芒"。（契诃夫说："刚从教堂回来的老人们总是散发出光彩。"——可能，他在童年时代自己的父母身上就看到过这种光芒）。

最后，在与叶戈鲁什卡告别时，赫里斯托福尔神父再次告诫他："你只要好好学习并积德行善，上帝自会指明你应该成为谁。"

首先，艺术家契诃夫把赫里斯托福尔神父描绘得十分出色。医生契诃夫则在信中称他为"傻里傻气的赫里斯托福尔神父"。这正是意味着契诃夫并不理解他自己所写的是什么。赫里斯托福尔神父不仅不是"傻里傻气的"，而且比许多自认为聪明的人更聪明：他是一位智者。他的智慧在于，他是一个完整而又光明的人，他无须推理，无条件地去相信和爱，但却尊重科学，只是将其置于神赐的神圣光芒的照耀之下。在故事的结尾，他与叶戈鲁什卡告别：

> 赫里斯托福尔神父叹了口气，不慌不忙地祝福叶戈鲁什卡。
>
> ——以圣父、圣子和圣灵的名义。好好学习——他说——用功念书，小兄弟。要是我死了，请为我祈祷安息。喏，我也给你一个十戈比的银币。
>
> 叶戈鲁什卡吻神父的手，哭了。他心里有个声音在对他说：他从此再也不会见到这个老人了。

当契诃夫创作《草原》时，一位年轻的俄罗斯哲学家和神秘主义者弗拉基米尔·索洛维约夫在谈论宗教、信仰、科学、艺术，并将所有这些都融合到了光辉的大一统之中。实际上，他是用另一种方式表达出了自己就是那个"傻里傻气"的赫里斯托福尔神父。但是契诃夫那时读了达尔文，而不是索洛维约夫。也许契诃夫对他是一无所知的。

当然，赫里斯托福尔神父并没有掩盖住作品中其他形象的光彩——草原本身、美丽的风景、叶戈鲁什卡、赶大车的车夫、犹太人莫伊谢·莫伊谢伊奇和索洛蒙在酒馆中的交谈都被描写得绘声绘色，并且在整个叙述中都洋溢着对于上帝世界描绘的喜悦——这是神秘而可怕的，就像是暴风雨，但也很美好。还有孤独，孤独！赫里斯托福尔神父没有这种体验（他一直与上帝同在，没有被隔绝），但是作者却在幕后受着折磨。（"那个在坟墓里等待着我们每个人的孤独，以及生命的本质是绝望而可怕的，这些想法一直折磨着我。"）

赫里斯托福尔神父回答说："在整个城市，没有人比我更快乐。"而这是为什么呢？他既不富有，也没有名望，但是他有一个令人惊讶的、潜藏在内心深处的视角。他能够轻松地看到和感觉到所有事物，因此他自己是幸福的并同时在其周围散发着"轻盈的呼吸"。"只是我有那么多的罪，不过话说回来，也只有上帝才没有罪吧。现在假定沙皇来问我：'你需要什么？想要什么东西？'那我就会说：'我什么都不需要！什么我都有了，感谢上帝，什么都有了。'"

但是，并不是每个人都像赫里斯托福尔神父那样。小说中也有不满意于生活（不幸福）的人们。

犹太人的旅馆取材自契诃夫的少年时代。他很小的时候，有一次在回到塔甘罗格的途中病倒了，就住在这个小旅馆里。犹太人店主和妻子悉心照顾他。在《草原》中，他令人感动地，甚至是在有些地方颇为滑稽地描绘了他们。而店主的兄弟和索洛蒙这些人，则是十分庸常的、负面的、愤怒的。他们既毫无私心，又近乎绝望。

年轻的马车夫德莫夫这个形象更像是来自高尔基式的农庄，是一个游民，一个很棒的小伙子。他开怀大笑，嗤鼻作声，快活地游泳，毫无理由地杀死一条无害的蛇。他整日里无所事事，毫无用处，也很不幸，是被社会所抛弃的一个失败者、破坏者和自我毁灭者。

契诃夫在当时的一封信中说："俄罗斯永远不会发生革命。"这句话实属无心之辞，当时也并没有谁把契诃夫视为先知。他所说的这句话也的确没有应验。革命就这么发生了，丝毫没有征求他的意见，但是索洛蒙和德莫夫这两个人物——如果能活到发生革命的年代的话，很可能会参与其中，特别是在革命爆发之初。然后两人都会在革命中死去：他们都太过于独断专行了。

*　　*　　*

《草原》取得了巨大的成功。年迈的老诗人普列谢耶夫曾是彼得拉舍夫斯基小组的成员，是与陀思妥耶夫斯基一同上过绞刑架的战友，这位《北方邮报》的编辑对契诃夫青睐有加，"狂喜不已"，《草原》也正是在此报上刊登的。（"很长一段时间以来，我都没有如此享受地读过任何东西了。"）契诃夫给自己的表弟写道："这个小说尚未连载完，就已经引起了不小的轰动。首都的民众对它的议论自然也少不了。"后来他又写道："我的中篇小说……很成功。我不停地收到来信。"

评论界也对其十分欢迎。虽然不能将《草原》归属到任何的"流派"和"思想"中，但所有人都感受到了它的魅力。

安东·契诃夫名望的增长并没有得到他的哥哥亚历山大的回应。这一时期，亚历山大已经与苏沃林牢固地联系在一起，写作并出版了一些作品，并且他的姓氏也是契诃夫。

作为一位名人的兄弟通常来说都是不容易的，在这里尤其糟糕的是——亚历山大·契诃夫也写作短篇小说，还跟弟弟在同一报刊发表作品。一个署名是安·契诃夫，另一个是亚·契诃夫。

由于亚历山大·契诃夫的某篇小说，苏沃林突然情绪激动，并给作者写了一封言语粗鲁的信，大概意思是："您可以写作和发表低劣的小说，但不能篡夺别人的名字。"

亚历山大没有突出的才华，是个酒鬼，还要养活一家人，他需要依靠苏沃林，他的状况是显而易见的。从某种意义上说，弟弟安东对此事也感到很不愉快。名望、荣耀——这都很好，但为什么要如此羞辱亚历山大呢？强者对弱者的凌辱一直让契诃夫感到反感。在这里，他的表现完全符合一贯的精神气质。在一封平静而充满善意的长信中，他安慰亚历山大：苏沃林未经考虑就写下了那些胡话，他本人正深感后悔并一定会道歉。亚历山大在发表作品时完全可以署上自己的姓氏。他的小说"一点儿也不赖"，并且总的来说，也无法衡量谁写得更好，谁写得更糟，"人的观点和品位各有不同"。几年后，一切都可能发生改变，谁也说不准，到时候可能就轮到他来请求哥哥"允许他署名安东·契诃夫，而不是其他别名了"。

信的结尾表明，他又稳固地转换为过去那个"幽默作家"契诃夫了。"我们都无法逃脱死亡的时刻，所剩的时日不多了。"所以这都是琐事，算不了什么。

同年秋天，新的荣誉降临在他的头上：他获得了科学院颁发的普希金奖（一半奖金是五百卢布）。从历史的角度来看，这算不上什么大事：什么科学院和它的奖金，还只有一半，与契诃夫在文学史上的地位相比根本算不上什么。但是契诃夫本人对此却有着不同的看法。"对我来说，获得奖金当然是一种幸福。如果我说它丝毫没有触动我，那是在撒谎。"的确如此，这是他写给格里戈罗维奇，那个"他在科学院的稳固靠山"的感谢信。但是从其他一些信件中也可以明显看到，他很重视这一奖项，但也并没有达到感激涕零的程度。他甚至试图贬低自己，强调别人本也是可以得奖的：比如说科罗连科，如果他也给评委会寄送自己的作品就好了。而在他写给拉扎列夫－格鲁津斯基的信中甚至有这样一句话："我写的所有东西都会在五到十年内被遗忘。"——这句话他不是随口说的。他后来也讲过类似的话（"七年以后人们将不再阅读我的作品"），结果证明他是一个很差的预言家，就像他对革命的预言一样一点儿也不准。

但是在家中，亲人们兴高采烈，一片欢腾。"妹妹……一副心高气傲、神经紧张的样子，四处拜访自己的女友，到处宣扬。"关于"妈妈""爸爸"也没什么可说的。"母亲和父亲整日里都在胡言乱语，高兴得忘乎所以。"

也许，帕维尔·叶戈洛维奇希望他的儿子安东应该被称为"阁下大人"，并给他颁发一枚勋章。

勋章并没有颁发，但是命运几乎就在同期发出了可怕的信号。"我的心情很糟糕：我咯血了。可能只是小毛病，但仍然令人不愉快。"下一行写着："今天在库兹涅茨基大街，我的妹妹也在场，马路对面的一堵很高的砖墙倒塌了，把许多人都压在了底下。"

在契诃夫身上也有什么东西倒塌了。在之前，1884 年、

1886 年的时候他也发生过咯血。但这一次——几天后，他第一次在写给苏沃林的信中详述了此事（显然这已不是"琐事"）。他试图使其信服这不是肺结核导致的。但这并不是那么能让人信服。在信中有一句摄人心魄的话："从嘴里咳出来的血液就像火灾中的火光一样，有着某种不祥之兆。"

火光正是在他沉浸于成功的喜悦之时展现在他的眼前的。

在旅途中

哎，要是我再有个两百到三百卢布就好了！
我会去环游世界！

　　他从小就喜欢旅行，喜欢新的地方和新的会面。在童年时代，他只知道塔甘罗格和它周边的地区，作为大学生和一名年轻的医生，他走遍了莫斯科、沃斯克列先斯克和兹韦尼哥罗德。1887年春天，他带着口袋里的一百五十卢布去了远方：虽然没能环游世界，但穿越了整个俄罗斯。他去了自己的家乡，南部的塔甘罗格，他的叔叔米特罗凡·叶戈洛维奇生活的地方。

　　此时他正在奥廖尔的火车站：

　　　　四点五十分，早上。我正喝着咖啡，味道就像是熏制的白鲑鱼。但是我的心情非常好，周围的一切都是我所需要的，新鲜的面孔，车上的邻座，畅所欲言的交谈，另一个世界，另一个地域。

换乘，等待，每小时三十俄里，在一些大型车站还站着手里拿着铃铛的门差（"库尔斯克第二次打铃！"），车厢里短暂的友谊，车站小卖部里出售的三明治、馅饼、一小杯伏特加酒。然后就是南方，草原。"我看到了老朋友——雄鹰飞过草原。"塔甘罗格在他看来十分闭塞，充满着庸俗的市侩之气，但可以去拜访中学时的好友克拉夫佐夫，去"顿涅茨克瑞士"[1]的一个哥萨克村庄（顿涅茨克岭），住在美丽的山区，体验一下野外的生活：猎人，恶犬，射击。

在经历过莫斯科之后，这里看起来就像巴西或新加坡。他很喜欢这里。有一种"黑暗的印象"，而这是最重要的事情。他住在这里，就像在少年时代一样，毗邻草原、大自然、星星和永恒。在克拉夫佐夫的农庄他看到了"非常美丽"的暴雨——在次年的 1 月，他将在《草原》中十分鲜明地描述南方暴雨的景象。而迷人的小短篇《幸福》当然也截取自这次 4 月份南方之旅的印象。

他从克拉夫佐夫那里出发去了斯拉维扬斯克，又从那里到了圣山修道院。契诃夫医生为何要去修道院呢？要知道那里有的尽是一些"傻里傻气"的赫里斯托福尔神父这样的人物。但是作为艺术家的契诃夫也因为某种原因想要前往那里。在斯拉维扬斯克他租了一辆马车前往圣山。当然，他注意到了沿途和寺院中的一切，微笑从未离开他那留着一缕胡子的知识分子的脸庞。"当地的乌克兰人可能是把我当成了屠格涅夫，纷纷脱帽向我致敬。"

圣山修道院地处顿涅茨河的河岸，景观罕见地壮丽，

1　即顿涅茨克小城斯拉维亚托戈尔斯克。编注。

修道院的四周是白色的石灰石，上方有菜园、橡树、百年的青松，其中有些悬挂在空中，只有根系连着土壤。布谷鸟咕咕啼叫，漫山遍野还有夜莺鸣唱。

他非常喜欢那些修士。那天是尼古拉节，许多朝圣者聚集至此——又是契诃夫式的玩笑话：

> 在此以前，我都不知道世界上有那么多的
> 老妇人，否则我早就自杀了。

然后他又以另一种方式写道：

> 供所有一万五千人食用的修道院食品是和
> 着鱼干的菜汤和稀粥。这两道餐食和黑麦面包
> 一样，都很好吃。

"钟声很悦耳。"只是他不太赞赏那些唱歌的人。从童年时起，他就对教堂颂歌十分了解，无论到了哪里——在国外也是——他都对此十分关注。

圣山修道院为文学创作提供了丰富的旅行印象。在此地，契诃夫结识了一名刚刚转信东正教的犹太青年，他就像是一团无家可归的"风滚草"，是在俄罗斯四处游荡的堂吉诃德。所有这些都被他生动、细致而巧妙地记述了下来。

安东·帕夫洛维奇·契诃夫，这个此时仍然年轻，与屠格涅夫样貌不同的作家，乘马车从圣山修道院离开，把自己的半高帮皮鞋留给了一位刚成为信徒的、鞋底儿掉了的真理追寻者。僧侣、修道院、顿涅茨河、长满橡树和松

树的白垩山，这一切都已成为过去，就像流浪者亚历山大·伊凡诺维奇本人一样。所有这一切都渐渐逝去了，但写下的东西留了下来。报纸上新发行了《星期六增刊》刊载他的小说，付给他一百卢布的稿费。随着时间的流逝，虔诚的僧侣、船上的宗教游行、大教堂顶十字架的光辉、犹太血统的恭顺的流浪汉——所有这些都存留了下来。一切都继续活着，感动着人们。

在《新时代》上我描述了圣山。一位年轻人是主教的侄子，他给我讲述自己看到三位神父是如何朗诵这一片段的：一个人在读，另两个人在听。我很喜欢。

* * *

莫斯科旁边的沃斯克列先斯克、兹韦尼哥罗德、亲切的巴布金诺——现在他对这些地方都已经足够了解。他还想踏足新的地域。

1888 年 5 月，他来到哈尔科夫省的佩洛河畔，在林特瓦列夫的庄园里租了一处厢房。同样有趣的是：这里不是莫斯科郊区，也不是塔甘罗格。但是他真的很喜欢。

在照片中您可以看到，林特瓦列夫家的旧房子有些粗劣，装修得不像巴布金诺的房子那么漂亮，但却是一座坚固而优质的住宅。与基谢廖夫家相比，林特瓦列夫一家的生活更为简朴，少了些艺术色彩和文学腔调，但他们也是值得尊敬的人，在俄罗斯文化中留下了令人难以忘怀的印

记。自然，他们也代表了俄罗斯人民灵魂的一部分。

契诃夫住在厢房。就像在巴布金诺一样，这是一整栋独立房屋。这个夏天安东·帕夫洛维奇似乎什么东西都没写，一直在修改《命名日》，这部作品的最初形式与这个庄园是有所关联的。但契诃夫在这里最主要的事项是整日钓鱼，有时候夜里也在佩洛河岸与那些"痴狂的"钓鱼者一起度过。（他本人也有些痴狂的精神气质。）钓钓鱼，再写写信——就产生了许多写给苏沃林的有趣信件。

他与苏沃林的结识是在 1885 年，而现在是他们亲密无间的时期，几乎是友谊的鼎盛期。

苏沃林是一位有趣又有才干的人，属于天赋异禀的自学成才者，有着辉煌的、在某些方面又被扭曲的命运。正是那些成功、《新时代》杂志、政治活动、彼得堡政府和金钱最终毒害他。看着这副聪慧、颧骨宽阔的俄罗斯式面孔，不乏狡猾心机的眼睛，灰白的胡须，长长的常礼服，

亚历山大·谢尔盖耶维奇·苏沃林像，
1881 年

您定会脱口而出——此人非同寻常。

那些喜爱契诃夫的人也能在苏沃林身上找到优点：他很早就赏识并喜爱上了契诃夫。他对契诃夫有着良好的影响。他具有很高的文化素养，具有多方面的才干，颇具才华，而且对契诃夫提出了很高的要求——他在精神和艺术领域都鼓舞了契诃夫。他比米哈伊洛夫斯基等人更了解当时的契诃夫写作的自由和广度，更不用说和斯考伊切夫斯基这类人相比了。

林特瓦列夫家族保留了契诃夫写给苏沃林的一封绝妙的信，涉及的内容非常广泛。信中的语气严肃、沉稳，富有形象性，时而嘲讽一下，但很适度。其中还秉承一定的艺术信仰。我们很难不将其大段摘录于此。

母亲是一位非常善良、饱经风霜、身材虚胖的老太太；她阅读叔本华的著作，并去教堂唱祈祷颂歌；她认真钻研每一期《欧洲邮报》并知道那些我连做梦都没见过的小说家。

她的长女是一名医生，是全家的骄傲，农

民们称颂她为神圣的——她确实天生不凡。她的脑袋里长了肿瘤，因此她完全失明了，还受到癫痫病和没完没了的头痛病的折磨。她知道等待着她的是什么，而且镇定自若，以惊人的冷静态度来谈论即将到来的死亡。

……当我看到露台上有一个盲女人在大笑，开玩笑或是在听别人给她朗读我的《黄昏》时，我已经不是为女医师很快会死去而感到奇怪，而是在思考我们为什么感觉不到自己的死亡，还写了《黄昏》这样的作品，就好像我们永远都不会死去一样。

二女儿也是一名医生，一个老姑娘，一位安静、羞怯、无限仁慈、对所有人都充满爱意的长相丑陋的女人。病人对她来说就是真正的刑罚。

曾经有一次，林特瓦列娃和契诃夫接诊的医护中心来了一个脖子上长了肿瘤的老太太。已经无能为力了。"女医生非常愧疚地看着她，就好像为自己的健康而感到抱歉，也为医疗的无能为力而感到羞愧……我认为，她没有做过任何伤害别人的事情。在我看来，她从来没有过幸福，而且也永远不会幸福，片刻也不会。"

在林特瓦列夫家的庄园，契诃夫邀请了他的另一位年长的朋友，《北方邮报》的编辑阿·尼·普列谢耶夫来此做客。

普列谢耶夫和苏沃林一样，都非常钦佩契诃夫，他是一位充满善意的"思想上"的贵族,对文学有着很高的鉴赏力,但自己却是个十分平庸和"诚实"的诗人,写的都是"勇往直前,与黑暗搏斗"这样的东西。他年轻时是彼得拉舍夫斯基小组的成员。与陀思妥耶夫斯基一起上过刑场,并永远获得了光环。

他在契诃夫和林特瓦列夫家这里待了三个星期,他非常和善,女士们都像对待年长的名士一样照料和遵从他。

"每个人都将其视为半人半神,如果他夸奖了谁做的酸牛奶好喝,这个人会备感幸福,人们送花束给他,邀请他去各处做客,等等。""他在这里与在圣彼得堡时一样,就像是一尊圣像,人们在他面前祈祷,因为这一圣像十分古老,并曾经和创造过奇迹的其他圣像并列在一起。"契诃夫本人认为他只是一个善良、热情和真诚的人,并没有什么神奇之处,此外,他还是"一只盛满传统、有趣的回忆和陈腐观点的器皿"。

在该封信中还存在着对于艺术阵线的某种自卫。不只是持有某些思想的批评家在当时指责他"缺乏思想性",还有一些不具有思想倾向的朋友:苏沃林、谢格洛夫("让")也对他有所质疑。他是如此为自己辩护的:艺术家要做的不是决断,而是去描绘。诸如上帝、悲观主义之类的问题,艺术家只是将其提出。就让读者们去做决定吧。契诃夫一部小说结尾的句子谢格洛夫十分不喜欢——"在这个世界上你什么都弄不清楚。"

"按照他(谢格洛夫)的观点,艺术家也是心理学家,应该去弄清楚这些问题。"在这一问题上契诃夫无法赞同他和苏沃林的意见。他不喜欢把自己的观点强加于人。

当然，每个人都会去捍卫艺术创作的自由，但是这里也有一个陷阱。

如果艺术家以自己的方式观察并理解世界，把这些写出来，那么他的理解是自由的，他的思想一目了然。这是积极的自由，但是也有可能是空虚之上的自由。艺术总是能够使人向往，但首先对于艺术家本人来说，它是否总是能够提供营养呢？

在那个年代，"信仰什么"是所有人都无法回避的问题，并且这一问题在很大程度上涉及政治、"自由主义"、"保守主义"这些对于一位诗人来说最是枯燥的词语。契诃夫捍卫自由创作的权利——我喜欢怎样写就怎样写。我只能写作使我激动和让我着迷的东西，并一直会这么写下去。他在此层面上是完全正确的。

但他是否还有着其他一些困扰呢？要知道他不只是一位作家，还是一个人，那么他本人信仰的是什么，想要的是什么呢？

这种困扰目前还是潜在的，在作者的心中仍然有很多的自然本能，直接的对于生活的热爱——世界是如此广阔，我多想看到一切，吸收一切，臣服于上帝所创造的美……但他本人不久前还写道："我已经不是为女医师很快会死去而感到奇怪，而是在思考为什么我们感觉不到自己的死亡，还写了《黄昏》这样的作品，就好像我们永远都不会死去一样。"

本质上，死亡从未离开过（多少已经成熟的）契诃夫的视野。那一抹鲜红的"火光"并不是昨天才出现在他自己的生活中的。

但是，青春和率真的力量也很强大，简单地说，就是对于生命及其景观的渴望。不能总是待在贝尔湖畔钓鱼：世界上还有高加索、克里米亚和亚洲。

1888 年 7 月，他去了苏沃林所在的黑海之滨的小城费奥多西亚。他在那里晒太阳，在蔚蓝色的大海里游泳……并整天与苏沃林高谈阔论。这就是那个年代的俄罗斯。19 世纪末的俄国作家对于上帝、世界、人、善与恶这些话题可以从早上一直侃侃而谈到深夜。他在苏沃林的豪华别墅里过得十分惬意。他们饱餐美味佳肴，到处做客和宴请宾客。契诃夫本人在这一时期是十分迷恋苏沃林的（"这是个大人物"）。他还很喜欢他的妻子安娜·伊凡诺夫娜，显然，这也是一位与众不同的女人。一会儿是胡说八道，一会儿又突然变得聪明而独立。"每逢晚上她就独自坐在沙滩上哭泣，一到早上，她又哈哈大笑并唱起吉卜赛民歌。"在那里见到的各种各样的人当中，他提到了艾瓦佐夫斯基（"一个善良的亚美尼亚人和好挑剔的主教的混合体"）。

但是他在费奥多西亚也没住多久，而是继续前行，去了苏呼米、巴图姆、新阿丰。在黑海沿岸，半亚热带的世界展现在他面前。有多少前所未见的大自然的富饶与壮美，有多少新鲜的会面和印象！在新阿丰修道院他结识了根纳季神父——苏呼米教区的大主教。

此人并没有让他感到无聊。这位神父骑马在主教辖区四处巡视。几年后，他迷人的形象将出现在《决斗》中。

契诃夫与苏沃林的儿子一起前往季夫利斯，并参观了巴库。他们本来打算走得更远，想要前往中亚，但苏沃林的一位兄弟病重，苏沃林一家的长者们都处于悲痛之中，每天都有电报飞来飞去。最终传来了病人去世的消息。他们必须要启程返回了。

契诃夫回到佩洛河岸边林特瓦列夫家的庄园。长途旅行让他备感惊喜。他决定明年夏天要去一趟土耳其、希腊，例如君士坦丁堡和古老的阿索斯山。作为那个时代的知识分子、达尔文的仰慕者，契诃夫可能并不太适合古老的阿索斯山。但在契诃夫的内心涌动着一些潜流……

* * *

在圣彼得堡，《伊凡诺夫》在剧院里受到热捧，小说畅销，他的仰慕者和女性崇拜者也越来越多。但是在契诃夫的内心，某种不确定性、犹疑不决和模糊不清却在增长：为什么？目的是什么？"政治、宗教和哲学上的观点我都没有。"他在 1888 年秋天写给格里戈罗维奇的信中写道。他有着一些意图，而且是很明确地带有文艺复兴性质的——虽然把这个词用在契诃夫这里有些奇怪。"我最为圣洁宝贵的——是人的身体、健康、智慧、才能、灵感、爱和绝对的自由……"这离"世界观"还很遥远，但他本人明白，最基本的问题还没有解决。现在人们越来越多地向他索要回答、指示和决定。普列谢耶夫自己对待契诃夫是温柔而充满爱心的，尽管如此，他还是表达了温和的责备——在他的作品中没有"抗议"的元素。契诃夫对此回答道："我不是一个自由主义者，不是一个保守主义者，不是一个渐进主义者，不是一个修道士，也不是一个对世态炎凉漠不关心的人。我想成为一名自由的艺术家，仅此而已。"他不需要标签。

但是某种内在的支撑、稳定性——这是必要的，也是他所缺少的。我必须坦率地说——他没有信仰（也就是说，没有来自心灵深处的基本情感：一切发生的都是正确的，上帝与我们同在），而没有它，"火光"也将变得可怕。

他仍然向往着丰衣足食的美好生活，但也感受到了深渊。任何"自由的艺术创作"都不能将其克服。

第二年夏天（1889年），还是在林特瓦列夫家的庄园里，这一深渊展现在他的眼前。

哥哥尼古拉是一位艺术家，是一个举止放荡不羁、性格怪异的人，像亚历山大一样也是个酒鬼和失败者。他于春天抵达契诃夫一家租住的厢房，到乡村休养，那时他已经是一个严重的肺结核病患者，只能用食物和新鲜空气予以治疗。也许，叶甫盖尼娅·雅科夫列夫娜把他喂得很饱。当然，佩洛河岸的空气也非常好，但仍然没有起到什么效果。疾病在不断恶化。起初他很焦躁，恼怒，乱发脾气，然后他变得虚弱而安静。"他变得温顺，亲切，异常地平和。"

最近几周对他来说过得特别艰难。他只能坐着睡觉，咳嗽个不停。"如果他过去犯了什么罪，作了什么恶的话，那么所有这些罪恶都已经被百倍的痛苦赎还了。"

安东·帕夫洛维奇在写给久科夫斯基的信中提到他哥哥死去的消息，言语之间非常克制。所有的词语简单明了。悲伤不是在语言之中，而是隐藏在语言之后。

他躺在棺材里，脸上的表情很美。

葬礼很庄重。按照南方的习俗，我们用双手将他抬到教堂，再从教堂抬到墓地，没有持火炬的人，也没有黑黢黢的灵车，有人举着神幡，棺材是敞开的。姑娘们拿着盖子，我们抬着棺材。教堂里的铃铛叮当作响。他被安葬在一个非常舒适和安静的乡村公墓中，那里有鸟儿不断唱歌，四周散发着甜菊的味道。葬礼结束后，立即竖起了十字架，可以从很远的田野看到。

葬礼之后，他没有在村子里待很久。

　　我变得呆滞而消沉。地狱般的烦闷，文学在生活中毫无用处……

他像去年夏天一样启程远行，但是这次旅行毫无条理，很难说是成功的。本应该"去蒂罗尔和君士坦丁堡"，而他去了敖德萨。"我过着漫无目的、没头没脑的生活。"他正是"没头没脑"地住在了敖德萨，在来此地巡演的小剧团周围闲逛。他从敖德萨出发前往雅尔塔。在他所有提到这次旅程的书信中，语气与去年截然不同。现在他没有得到任何富有成果的印象，但却被忧郁所折磨，有些茫然无措以及心情冷漠，甚至是对于不久前让他感觉美好的生活的厌恶。

他以这种状态回到卢卡，回到林特瓦列夫庄园和自己家人的身边，坐下来写作"小玩意儿"。

在他的信中经常能看到他对自己的轻视态度。您可能会认为，作家不是在写小说，而是在消遣解闷儿。

这当然不是真的。他总是将真实的自我隐藏起来：我认为，他一部分的真实自我被"小玩意儿"的语气所掩盖，一部分的真实自我想要写得比现在更出色更精妙。他是知道自己的价值的。关于他现在正在写的这部《没意思的故事》，他便说漏了嘴："我从没写过类似的东西，这对我来说是全新的主题……全新的情节……"

《没意思的故事》是一部很了不起的作品，从某种意义上来说是决定命运的杰作，就像是旅途中的一座里程碑。

这部小说描绘了一位老教授生命的尽头。他既有才华又有名望，有着深爱他的妻子和女儿——然而，这一切都毫无意义。死亡将至，灵魂背后却是空荡荡的。有的只是空虚、沮丧和一望无尽的黑暗。

很长一段时间以来，他一直在抚养孤儿卡佳——死去的同事的女儿。她从小就崇拜他，认为他是最优秀的人。她的生活是失败的。她想要成为演员，但没有才华，四处碰壁。她坠入爱河，结果也是令人失望的。她的生活同样也是一片空虚。他们两个人，一老一少，以不同的方式生活，但都在痛苦中煎熬。这就像是濒临死亡前的沮丧。在一个雷电交加的夜晚，别墅里所发生的事情被令人惊叹地予以描绘。女儿丽莎歇斯底里地在楼上抽泣，瞬间就奔向父亲，像过去还是小孩子时一样，伸出胳膊搂住他的脖子——但是父亲既不能安慰她，也无法帮助她。就好像有了远距离的心灵感应，站在窗外的卡佳也突然陷入了这种忧郁之中（她也住在别墅里）。但是，这位胸前挂满了奖章，被学生们称为"圣像壁"的医学教授尼古拉·斯捷潘诺维奇又能给这些年少无知的人以什么人生建议呢？要知道他自己

也是一无所知的。他有的只是对于科学的天真信念（"它
[科学]一直以来都是，也将永远都是爱的最高体现"），
"他关心骨髓的发展史远胜过关心宇宙的终极目的"。但
是事实证明，从某种角度来说，这一切都没有任何意义。
没有"总体的思想"，他说。总体的思想！说他缺少"信仰"
不是更好一些嘛。仅凭一个骨髓是不够的。研究它是
很好的，但是把它神化是不好的。只与科学一起面对死亡
太艰难了。

故事的结局非常出色：教授前往哈尔科夫查明了女儿
未婚夫的底细。卡佳跟着他，在旅馆里赶上了他，不知如
何自处的卡佳还是向他追问同一个问题。

我不能再这样生活下去了！我不能！看在
真正的上帝的分上，请您此刻马上就告诉我：
我该怎么办？告诉我，我该怎么做？

但是他所缺少的正是"真正的上帝"，他无言以对。
直到现在，他才注意到她一直都没有"总体的思想"，而
他自己，在他看来，在"生命的尽头"才意识到自己身上
的这一点。

他无能为力，没有作答。她离开了。"永别了，我的
宝贝！"实际上，他现在所爱的只有她。但是她也离他而去。

这一切都写在他的哥哥尼古拉死后的那个夏天，或是
写于国外，或是写于他在敖德萨和雅尔塔毫无目的的游荡
之后，这并非偶然。实际上，作家本人还很年轻（尽管他
很早就已经成熟了），他提笔写出这个即将离世的教授，

部分地乔装成他，写了一部极具穿透力的作品，并且他自己也没有意识到他以此埋葬了自己一直非常敬奉的唯物主义。作为艺术家和一个人的契诃夫杀死了医生契诃夫。

在艺术家的事业中，这个"小玩意儿"占据了重要的位置。这部作品在他的心灵史中也是如此重要，它描绘了无法消逝的悲怆的极限。《没意思的故事》在本质上也是一部《第六病室》。

他还是一如既往地尽力逃避自己的责任。他说，他只是在描绘一位老教授，与他本人无关——这与他后来关于《黑修士》的说辞是完全一致的。

但是，无论他如何藏身，毒药都是从他的内心倾泻而出的，因此他也会被其感染。

萨哈林岛[1]

1890 年 4 月，契诃夫写信给《俄罗斯思想》的出版商拉夫罗夫："您的指责完全就是污蔑。在您说出自己的指责之后，我们之间不仅不再可能有任何的业务往来，即便是普通的点头之交也是不可能的了，这是毋庸置疑的。"

原因是在 3 月份的《俄罗斯思想》中，契诃夫和亚辛斯基被称为"无原则写作的献身者"。

契诃夫对于"无原则"一词的反应十分激烈。"没有原则的作家，或者说得直接一点就是卑鄙下流者，我从来都不是。"我不知道是谁写了这篇文章，但是，当然，作者并不认为契诃夫是一个"卑鄙之人"——他可能只是想指出其缺少"思想"（但是，他也不应该把契诃夫与亚辛斯基相提并论）。

但是这一"无原则"性碰到了他的痛处：其他一些人，甚至是契诃夫的朋友们也的确对他有着同样的指责，只是语气不同：说他不"号召"，也不"引领"人们去向何处。如果以"无思想"来代替"无原则"，那么这几乎可以涵盖当时关于他的普遍观点。

1　中国称库页岛，位于黑龙江入海口的东南，历史上曾属于中国多个朝代。编注。

这是错误的,但也并非"诽谤"。契诃夫当然与那些写"勇往直前,与黑暗搏斗"的作家截然不同。他没有布道。但无论在哲学还是宗教上他都没有统一的世界观。他本人也承认这一点,并且深感苦恼。他正是在此番心境下写出了《没意思的故事》。

然而,在他的内心深处存在着一种并非没有思想,也并非冷漠的东西。相反,这是非常正面的、人性的和真实的。父亲和(尤其是)母亲的基督教世界在他的内心深处隐秘地生长,但很少展露出来。

有时,在他自己看来,他所写的"不是那么回事儿"。他想为生活做的比他眼下作为一个纯粹的艺术家所能做的还要更多。即使在我们所引用的契诃夫唯一一封言辞粗鲁的信中,也能感受到这一点。"如果您……了解这一悲惨的境况,认为我,一个受过良好教育、经常发表作品的人,对我所爱的人们什么也没做,认为我的创作都毫无痕迹地消失了,比如,对于地方自治会、新司法制度、出版自由,以及自由本身都毫无意义的话,那么……"(接下来他论证了《俄罗斯思想》也没做什么,但这已经是论战了。)

尽管如此,他对于生活"做得很少",对于崇高的领域更是知之甚少,也没有使读者接近于此,这都使他心里不好受。也许,《没意思的故事》便是对于自己的审判。但只有他自己可以这么做。如果另一个人对他进行干预和指责,他将是无论如何都不能接受的。

给拉夫罗夫的这封信几乎是在他起身前往萨哈林岛的前夜写就的。

这次旅行是早就计划好的,遇上《俄罗斯思想》事件纯属偶然，但非常符合他当时所处的状况。契诃夫在《俄罗斯思想》侮辱他之前就已经做好了出行的准备，但是这一行动本身就是对于《没意思的故事》的反抗：这位教授什么有意义的思想也没有找到，在绝望和沮丧中结束了自己的日子，但契诃夫反其道而行之，与指责他缺乏思想和过于冷漠的谣言相悖，前往千里之外被抛弃的人们那里。

1890年的头几个月，他为这次旅行做了大量准备：他在彼得堡住了几个星期，从早到晚阅读着有关萨哈林岛、苦刑和监狱的材料，结交新友和储备文件。以自己在各处的关系帮助他的苏沃林感到惊讶，甚至不满，因为他心爱的契诃夫不知道为何要跑到天涯海角那么远，去到杀人犯和盗贼那里。但是契诃夫非常固执。去萨哈林岛的想法牢牢地扎根在他的心里，这不只是一种想法，而是愿望和志向。

劝阻在他那里是没有任何用处的。

当然，旅途中会遇到困难，会有不少的花销和浪费大量的时间——但他仍然坚持要去。"我的时间一文不值，钱嘛反正我本来也没有，至于艰辛，我要坐上二十五到三十天的马车，不会再多了。"其余的旅途都是坐船。"难道在整个旅程中不会有那么两三天，让我悲喜交加，终生难忘吗？"

另一个问题是——萨哈林岛本身是否必要且有趣？"萨哈林岛上如果没有成千上万的犯人被流放，如果政府没有在此地花费巨资，那么此地对于这个社会来说才是无用的和无趣的。"显然，他动身之前已经阅读和学习了很多东西。"萨哈林岛是给人们带来无法承受的痛苦的流放地。"

他的事先判决是严厉的：人们平白无故地、不容辩驳地被送到监狱里受折磨，"在严寒中戴着镣铐被驱赶上万俄里"，被侮辱和杀害。"光荣的60年代对病人和囚犯的痛苦无动于衷，从而违反了基督教文明的主要戒律。""有罪的不是监守者，而是我们所有人，但我们却与之毫不相关，这是不好的。"

他曾经取笑过药店和图书馆、"高尚的"大学生以及诚实的高等女校学生，而现在他突然宣称自己要像19世纪的俄国作家那样——并且是带着怎样的直率与热情呀：艺术是艺术，但是在人民面前，在所有深受苦难和极端困苦的人们面前却是有罪的。必须要赎罪。

只需要走到世界的尽头，前往冰冻的严寒之地，去找到那些正在死去和已经死去的人——向世人讲述他们。

当然，旅行的精神也在推动他。新的世界，新的人们……一直都是契诃夫所喜欢的。就旅行来说，本可以选择更宜人的地方。而他并没有做过多的考量。没有高大的台柱、各色旗帜和夜晚各家闪烁的火光。他坐上车便前往了萨哈林岛。

* * *

我到了哪里？我在哪儿？四周都是荒凉，忧愁；能看到光秃秃的、阴森森的额尔齐斯河堤岸！

这仅仅是一个开始。没错，他已经沿着西伯利亚的大道自由地行驶了七百一十五俄里。但是七百俄里在西伯利亚又算得了什么呢？您看看地图，在最右侧，亚洲的东部，被狭窄的海峡隔开的，位于鄂霍次克海和日本海之间的一条细长的，看起来令人不悦的，带有尖刺的小鱼便是萨哈林岛。要到达这个目的地，您需要乘马车穿越整个亚洲，乘轮船穿越贝加尔湖，再乘轮船穿越阿穆尔河。七百俄里是不是已经淹没在七千俄里之中了？

同时：

> 晚上我坐在额尔齐斯河岸边的小木屋里，感觉到自己全身都湿乎乎的，心里油然升起一种孤独之感，我听着我的额尔齐斯河是如何敲打木板的，风是如何咆哮着，我问自己：我在哪里？我来这里干什么？

当然，这不是一次令人愉快的旅行。一天晚上，他所乘坐的马车与对面驶来的运送邮件的三套马车相撞——车夫们睡着了，两辆马车扑向对方，契诃夫被甩了出去，行李、包裹都压在他的身上。一辆马车差点儿没把另一辆马车压扁。"唉，车夫们粗鲁地相互辱骂！晚上，在这个争吵不休的、暴躁的匪帮部落中我感到了前所未有的孤独。"车辕断了，行李箱坏了，在他看来，他已经被抛到了某个异己的世界——现在会把他也踩扁。

令读者惊讶的是，事实证明，他不仅在途中冻坏了、弄湿了脚（皮靴有些挤脚，他不得不穿着毡靴在泥地里啪嗒啪嗒地走），而且上帝知道他都吃了些什么东西。这就是所谓的物产最丰富的西伯利亚！"一路上我饿得像条狗。除了面包，其他任何食物都吃不了。在秋明省，我买了香肠上路。当您开始咀嚼它时，感觉就像是牙齿咬在了涂了焦油的狗尾巴上。"

他一路前行，从秋明到托木斯克，再到叶尼塞河上的克拉斯诺亚尔斯克——现在还是早春，天气寒冷，道路泥泞，河水泛滥，难以逾越的石滩，一路的撞击与颠簸，半睡半醒的夜晚，还有咯血、黑暗与寂寞。实际上，只有他乘坐（显然是很简陋的）四轮马车在伊尔库茨克行驶的那三千五百俄里才能够稍事休息，在当地他吃得还算可以，住在了旅馆的房间里，洗了蒸汽浴。

从伊尔库茨克开始一切都变得轻松些了。坐轮船渡过贝加尔湖甚至是非常有趣的（在已经走过的路线里，他只喜欢克拉斯诺亚尔斯克和叶尼塞河周围的原始森林）。他喜欢贝加尔湖水域的蓝色，喜欢它的清澈透明。"我见到了被绿松石淹没得如此深邃的悬崖和高山，霜冻在我的皮肤上皲裂，在贝加尔湖边散步真是太神奇了，我将永远不会忘记。"

在外贝加尔地区他再次坐马车到斯列坚斯克。他们竭尽全力赶路，害怕坐不上阿穆尔河[1]上的轮船。"坐马车的旅程"终于结束了——这一旅程持续了两个月。

他们行驶了四千俄里。

1890 年 6 月 20 日，他在 "叶尔马克"号轮船上给母亲写了一封信。沿着阿穆尔河，在风景如画的荒蛮之地的

1　即黑龙江，俄语称阿穆尔河。编注。

这一段旅程已经是一种休息。通过双筒望远镜可以看到鸭子、鹅、潜鸟和白鹭。在中国一侧岸边的中国人看起来十分温和。两个半月的旅途之后，终于，这次旅行的目的地——萨哈林岛展现在他的眼前。

这里一片寂静。一直以来几乎没有来自萨哈林岛的信息，后来它在某些地方被提及，也都消逝于黑暗之中。但是契诃夫写就了《萨哈林岛》一书，与所有其他的作品都不同的一本著作。这不完全是我们所知道的那个契诃夫。在这本书中，艺术家被故意隐藏起来，是旅行者、研究者、监狱调查员、医生、统计学家在说话。他客观，镇定，内敛。一切都有理有据，没有任何多余的东西。这本书不太好读，但此书本来也不是为了易于阅读而写作的。它的编写也许是一种分内的劳动，并且带有着意图：减轻和帮助人们的工作，丝毫不显露自己。一名统计学家走访萨哈林岛的定居点，对此地进行人口普查，收集了有关他们的生活和劳动方式的信息。他还参观了监狱、矿山和采矿场。他想要看到一切——并且的确看到了。

在西伯利亚荒蛮的道路上，在这个寒冷、泥泞、河水泛滥的地域，在克拉斯诺亚尔斯克附近灼热的森林大火之中并没有任何令人愉快的东西。这种自然力量也损害了身体。我不知道契诃夫的身体是如何适应萨哈林岛的，但是很明显，这对于他的灵魂是一种考验。因为他与罪犯和看守们共同度过了三个月。

他有一篇小说《在流放中》——很明显是此次旅行的回响。事件并非发生在萨哈林岛，而是在额尔齐斯河。押送者们、几个渡船工人——流刑犯们在河岸边堆起的篝火旁瑟瑟发抖。一个年轻的鞑靼人思念起辛比尔斯克省，他在那里有一个漂亮的妻子。一辈子作恶多端、垂然老矣的谢苗·托尔科维已经不再思念任何东西了。什么老婆、父亲、母亲，什么都没有。即使把鞑靼人流放到定居点是不应该的——富有的叔叔杀了人，让他顶替受刑，人们告发了这件事——还是无济于事。什么都没有。有的只是习惯。

"你会习惯的！"——托尔科维解释说，笑了起来。"现在你还年轻，傻里傻气，乳臭未干，你愚蠢地认为，天底下没有比你更不幸的人了，可是将来总有一天你会说：只求上帝叫大家都过着这样的生活才好。"

他们的观点各不相同。托尔科维认为，谁想要幸福，那么这个人首先就不要有任何向往。对于鞑靼人来说，哪怕只有一天的幸福也总比什么都没有强。每个人都坚持自己的观点，在夜深人静时又冒出一位被他们渡到河对岸的贵族老爷，也是流刑犯——他无法忍受分离，写信叫来了自己的妻子，她来了，然后又逃走了，留下了女儿。这个孩子正生着病，这个"老爷"便跑来跑去找医生。这个人并没有服从于习惯，他也和鞑靼人一样。事情以这位老爷坐着四轮马车又去找医生而结束。

托尔科维在小木屋里躺下睡觉，而从院子里传来鞑靼人的哭声。

"会习惯的！谢苗说完便立即入睡了。"

不知道还有多少这样的鞑靼人、伊罗斯人、高加索人、犹太人，以及其他的什么人在萨哈林岛上，不知道契诃夫在那里听到了多少故事，看到了多少眼泪和悲泣，关于这些我们无从知晓。我们知道，在进行人口普查时，他填写

萨哈林岛的苦役犯

了一万多张卡片，并且曾作为样例在信中附上了一张卡片，但是在干巴巴的公文之下什么也猜不到。您还可以在一张人口普查样例的照片上看到，一个铁匠在小屋旁给流放的犯人们上镣铐，在他的身后，同样消瘦的犯人们一个挨一个地排成一行等候。在小屋旁边站立着一个留着胡须的军士长，他的肩带上挎着一把现在看起来有些可笑的军刀。苦役们在运送原木，这是铺有木质廊道的亚历山大罗夫斯克岗哨，能看到低矮的房屋、五颜六色的岗棚和挂着灯笼的杆子，在画面深处还有一座教堂，在教堂的上空是平缓的、光秃秃的、不像是俄罗斯式的山丘。这就是萨哈林岛。这就是契诃夫度过了三个月的地方。

后来，他在写给科尼的信中说："我将尝试详细地描述萨哈林岛的儿童和青少年的处境。这是非同寻常的。我看到了饥饿的孩子，我看到了十三岁的姘妇、十五岁的孕妇。十二岁多一点儿的女孩就开始卖淫……我看到了失明的孩子，身上脏兮兮的满是皮疹——这些疾病都表明他被

099

遗弃了。"

　　陀思妥耶夫斯基笔下儿童的眼泪具有神秘的意味，象征着世界的苦难。契诃夫是喜欢孩子的，把他们写得很好，但与陀思妥耶夫斯基不同的是，契诃夫的笔下没有巨大的摆幅，没有歇斯底里和波折起伏的情节，人物是可以控制自己的。但就穿透力而言，契诃夫笔下的人物并不逊色。

　　一位前往尼古拉耶夫斯克[1]的移民流刑犯的妻子被埋葬。坟墓旁站着四名囚犯，切尔克斯人是死者家的住户，还有契诃夫、司库员和一位上了年纪的女囚。

　　　　这真是太让人可怜了：她带来了死去的女人的两个孩子——一个还没有断奶，另一个是阿廖什卡，这个大约四岁的男孩儿穿着女人的外套和蓝色裤子，膝盖上缝着补丁。天气阴冷潮湿，坟墓里有水，罪犯们笑嘻嘻的。从此处能看见大海。阿廖什卡好奇地朝着坟墓张望；他想擤一擤冻僵的鼻子，但外套的长袖子妨碍了他。他们挖坟时，我问他：

　　　　阿廖什卡，妈妈在哪里？

　　　　他像输了牌的地主一样摆了摆手，笑着说：

　　　　——给埋了！

　　　　罪犯们大笑，切尔克斯人转向我们，问道，他该拿这两个孩子怎么办，他没有义务养活他们。

1　中国称庙街，位于黑龙江下游北岸，临近出海口，历史上曾为中国领土。编注。

但是在萨哈林岛上还有其他一些景观。

陀思妥耶夫斯基本人曾经站在行刑架上，经历了流放的苦刑。托尔斯泰在巴黎看到过死刑行刑。屠格涅夫也是如此，并写作了回忆录《特罗普曼的处决》。我们所有的前辈都坚决抵抗暴行。最后一个经典作家——契诃夫结束了这一序列。但他的经历有所不同。他没有亲临死刑的现场，而是见识了古时被称为"鞭笞于市"的折磨人的刑罚：鞭刑（对那些在萨哈林岛上犯有过失的罪犯施行的体罚）。

他审视着、观察着这一切……作为一位艺术家和医生他不会遗漏任何一个细节。所有的尖叫、嘶吼、抽搐他都记得。当他实在忍受不了的时候就走出去，但总是沉着冷静地，顺便勾勒些什么（十分潦草的速写）。然后再回到这四十鞭子的结尾，再次没有错过任何东西。但是随后的几个晚上他都会被噩梦折磨，在他的脑海中闪现着"刽子手和可恶的行刑凳"。

因此，他在旅行之前写给苏沃林的信成真了：旅行中总有个两三天会让自己毕生难忘。这些的确是无法忘记的，他会尽量不去想起。也许，即使在他去世之前，也还记得贝加尔湖蔚蓝色的湖水，它的碧绿透明和清澈见底。

当契诃夫终于离开这可恶的萨哈林岛时，您真该为他感到高兴。您将与他一起在秋天乘坐"彼得堡号"轮船途经日本、中国，路过风情各异的新加坡、锡兰、苏伊士，再绕过群岛至敖德萨。这已经是生活，是自然而人性化的生活，尽管有时充满浓浓的苦涩。"我几乎不记得新加坡，因为当我经过新加坡时不知为何十分忧伤；我差点儿哭了。"

有多少非凡的景致啊！锡兰是天堂所在的地方。红海虽然沉闷，却通向西奈半岛。（"我被西奈半岛感动了。"）"上帝的世界很美好。只有一样东西不好：那就是我们。我们是多么缺少公正和谦卑的品质啊。"

萨哈林岛之旅为文学贡献了出色的小说《凶杀》的结尾，以及《在流放中》和《古塞夫》两部短篇小说。

士兵古塞夫是一个心地淳朴、谦虚恭顺的俄罗斯人。还有一位永恒的谎言揭露者帕维尔·伊凡内奇。两人都处于肺结核晚期，可以想象，此刻他们正乘坐那艘志愿军舰队的"彼得堡号"轮船返回故乡。安东·帕夫洛维奇·契诃夫也乘坐此船，得的也是肺结核，他的寿命比他们长一些，但也没长多久。我认为，他与谢尔巴科夫医生一起拜访了他们，进行了交谈，并对他们进行了治疗。正是这两位俄罗斯人——古塞夫和帕维尔·伊凡内奇，填满了一个充满悲伤和怜悯，却没有丝毫感伤的小故事。古塞夫以古老的农民式的平静接受死亡，在生命的最后他回忆起孩子们、村庄、农活和父母。帕维尔·伊凡内奇在临终前则仍对生活的不公愤慨至极——两人都相继死亡，都被缝在帆布袋子里投入大海。"在去新加坡的途中，有两个死者被扔进海里。"（给苏沃林的信）这当然就是帕维尔·伊凡内奇和古塞夫。这就是为什么他在新加坡感到如此悲伤（"我几乎哭了"）。"我感到恐惧，不知为何我开始觉得，我自己也会死去并被扔进大海里。"

《古塞夫》于1890年出版。《凶杀》于1895年出版。在艺术上，后者是契诃夫的最高成就之一。事件发生在俄罗斯，但犯罪的故事很可能来自萨哈林岛。最后几页则完全就是萨哈林岛的样子。在这里将他们的故事简述一下很容易，但你很难控制住自己不把这个敬畏上帝、疲惫不堪地来到萨哈林岛的亚科夫·伊凡诺维奇（他杀死了自己的兄弟）的整个故事都写进来。奇怪的是，不怎么喜欢陀思妥耶夫斯基的安东·契诃夫在这部作品中比陀思妥耶夫斯基走得更远。的确，亚科夫·伊凡诺维奇和拉斯科尔尼科夫的经历并不相同。总的来说，拉斯科尔尼科夫在经受心灵的苦刑后继续站在门槛上，而亚科夫·伊凡诺维奇则最终下定了决心，苦刑为他揭示了一切。"自从他跟那些从四面八方被驱逐到这儿来的人同住在一个监狱里……自从他倾听他们的谈话，看到他们的苦难以后，他觉得自己终于认清真正的信仰了，而这个信仰，正是他的一家子人，从奶奶阿夫多季娅起，就十分渴望，寻求很久，却没有找到的……想到这儿，他的手脚就像醉汉那样颤抖起来。"

契诃夫本人没有"普普通通的信仰"，但他一直（不自觉地）渴望着它。但是"我们应该如何侍奉他"的想法牢牢地根植于他的心中。与80年代对上帝的看法相反，契诃夫并非冷漠无情和缺乏思想。他的上帝是行动的、生动的，他有着仁慈爱人的思想。他没有超越这一层面。基督教的神秘主义及其先验性并不适合他。契诃夫身上的天性本质——真正的"契诃夫"——是基督教的第二戒律与善良的撒玛利亚人的结合。"爱你身边的人"并真诚地奉献自己——完全是这一时期的契诃夫。非理性的、来自上天的光芒要在他最后的作品中才得以闪烁。

《萨哈林岛》是在1891年（及稍晚的时候）写作的，

这部并没有给他带来什么愉悦的作品却牢牢地印在他的心中，总有一种必须了结此事的感觉。他只是在外在形式上完成了这部著作——尽管这也是必要的。在外部世界，还需要考虑如何在萨哈林岛上建设图书馆，考虑如何与科尼一起，通过纳雷什金上达皇后，说服她在萨哈林岛上为定居者的孩子们设置庇护所。所有这些他都做得很认真，并且做到了，将自己的职分履行到底。

而在内心世界，这次旅行对他产生了巨大的影响。他对此几乎没有公开讲过什么（他不喜欢吐露自己的心声）。尽管如此，信件中还是能找到一些蛛丝马迹。

"您当时还劝我不要去萨哈林岛，真是大错特错了！""……如果我一直坐在家里，那么我现在会变得多么酸臭迂腐。在旅行之前，《克莱采奏鸣曲》对我来说是一件大事，但现在我觉得它是可笑而愚蠢的。要么是我在旅途中变成熟了，要么是我疯掉了，鬼才知道。"（给苏沃林的信）

他并没有发疯，而且距离这一状态非常遥远，但是变"成熟了"——我认为这样说非常确切。还可以补充一下：他成熟了，确立了自己。他人不幸的景象以福音传播的方式落在懂得感恩的土地上，落在了一个"好地方"。潜伏在他内心的东西现在安定下来并得到了巩固。日常生活现在似乎变得更加庸常了。"……在萨哈林岛的艰辛和热带地区的旅行之后，莫斯科的生活现在对我来说是如此的庸俗和无聊，以至于我想要咬人。"

*　*　*

这次旅行损坏了契诃夫的健康，但对于改善苦役犯们的状况却是有益的。当然，萨哈林岛仍然是萨哈林岛，俄罗斯的犯罪还像过去一样发生，法院在进行审判，岛上的人口在不断增长。但是《萨哈林岛》一书给人留下了深刻的印象。也许它那平淡和缓、缺乏热情的语气，甚至对树立人生目标也很有益处。也许，契诃夫那时不属于"左派知识分子"也是有益的。不管怎样，《萨哈林岛》引起了当时的参议员对于苦役刑法的调查和修正。

这本书不能使不幸的人成为幸福的人，但它使得他们习以为常的苦难生活有所改善。

假　期

80至90年代初，几乎整个俄罗斯都是偏僻闭塞的外省。无论是上层群体、中产阶级还是知识分子都是如此。孤独的托尔斯泰不算在内。总的来说，这是纳德森、阿普赫京和巡回展览派画家的时代，是整个俄罗斯特殊生活方式的时期，从政府、地主老爷到图拉的农民——一切似乎都隐藏在厚厚的城墙之后。彼得大帝开辟了通往欧洲的窗户，他凿开了一个窗口，但是显然要真正地凿穿它并不那么容易。

契诃夫本人在塔甘罗格长大，在莫斯科郊区逐渐成熟，他把自己年轻时代的写作生涯献给了列伊金和《闹钟》。但是上天却赐予了他无与伦比的天赋。他不可能永远待在穷乡僻壤。

萨哈林岛让他深感压抑。就像在一些知名人物的人生中一样，一切都是自然而然地形成的，都是完整的。他需要呼吸新鲜的空气，去看看新的地方，体验另一种生活。

苏沃林和他的儿子计划于1891年的3月出国。契诃夫当时正在圣彼得堡，苏沃林邀请他跟他们一起去意大利和法国旅行。

可能，在三个人当中学识最渊博和（相对）最欧洲化的人是那个自学成才的苏沃林。契诃夫对西方，对意大利和法国一无所知，他成长在那种闭塞的，对于世界的认识还停留在远古时代的家庭。因此，他是如何敏锐地感知旅途中的所见所闻，就更加令人好奇了——也许，欧洲作为西伯利亚和萨哈林岛的反面也发挥了作用。

他在维也纳，特别是威尼斯所写的信件热情洋溢。这也许是契诃夫所有书信中的最高音调了。那种兴高采烈根本就不像是他说话的语气，但是这种兴奋激动却是显而易见的，朴实而真诚。您会立即感觉到这种情绪，并为活着的灵魂做出这样的反应而感到高兴，即使他是有些天真。

例如，关于维也纳他写道："教堂很大，但是并不笨拙，而是令人赏心悦目，因为它们似乎是用花边编织而成的。""一切都很壮观，只有昨天和今天我才真正地理解建筑是一门艺术。"他激动的心情好像已经抑制不住了。女人也很漂亮，马匹也很精神，出租马车的车夫们也穿戴讲究，而且"数不清的窗户上都绑着蝴蝶结"，还有人们礼貌、殷勤的态度……"是的，总的来说，一切都极度优雅"，再往前走一步，他将变成果戈理。

威尼斯则彻底让他赞不绝口。看来，他与苏沃林一家住在了达涅利或是包埃拉——"就像元首一样，下榻在最好的旅馆里"——这对契诃夫来说价格不菲，但是也不能被苏沃林比下去。

此时，梅列日科夫斯基夫妇——德米特里·谢尔盖耶维奇和季娜伊达·尼古拉耶夫娜也在威尼斯。"我在这里遇到了梅列日科夫斯基，他高兴极了。"契诃夫本人也十分兴奋。"我从未见过比威尼斯更加精彩的城市。""这里的圣马可大教堂是无法用语言描述的，总督府和那些建筑物都让我感觉像是一首首美妙绝伦的曲子，让我感到了惊人的美和享受。"

接下来的句子更像是果戈理写下的："啊，美丽的夜晚！我的上帝！到了晚上，你可能会因为不习惯而死去。""在这个美丽、富裕和自由的世界里，人很容易失去理智。我真想永远待在这里，而当你站在教堂里聆听神圣的管风琴的乐声时，真想要皈依天主教才好。"

在热烈的情绪下契诃夫在一封信中甚至炫耀起来，但这并不是他的错。是季娜伊达·尼古拉耶夫娜·梅列日科夫斯卡娅扰乱了他的思绪。显然，她年轻时就像她晚年在巴黎的时候一样，把一切都搅乱了。

你可以清楚地看到她那一副慵懒的、略带嘲讽的样子和她那双神秘的美人鱼眼睛。此刻她正抽着烟，颓废地拖着长声调说：

"是的，这里的一切都很便宜……我和德米特里为公寓和桌子支付了……德米特里，我们付了多少钱？"

"季——娜，十八法郎！"

"听到了吧，契诃夫……就是这么多。十八法郎。难道这很贵吗？"

也许，梅列日科夫斯基此时正在与苏沃林交谈，并没有听到她是如何跟这个她认为有些窝囊和土气的契诃夫搭话的。

"每个星期的膳宿费用是十八法郎——一点儿也不贵。"

契诃夫相信了她的话，尽管对于他本人来说这是一笔高昂的费用，但他本着这种精神给莫斯科的妹妹写了信。

但是第二天他不得不予以纠正："昨天，我在描述威尼斯生活的廉价时有些夸张了。是梅列日科夫斯卡娅夫人的错。"

在威尼斯，他们很幸运地赶上了好天气——阳光明媚，天清气爽。然后情况变糟了，佛罗伦萨下起了雨，罗马的天气也是阴沉沉的，印象也变得暗淡了。

尽管佛罗伦萨下着雨，但他也很喜欢。（"我也想念威尼斯和佛罗伦萨……"——来自后来契诃夫在俄罗斯写给苏沃林的信。）

想要真正地进入罗马并感受它，您必须在那里住上更长的时间。三四天显然是不够的，在经历过威尼斯的辉煌之后，您甚至可能对此地感到失望。在契诃夫之前，很少有人访问罗马，从早走到晚实在太累了（"……脚底都在发烫"）。关于罗马，他顺口说过一句话，可能会让人误解他对于意大利的评价（"总体上来说，罗马与哈尔科夫相似"）。显然，格里戈罗维奇还散布了其他一些类似的有关他的错误信息——契诃夫对此感到不满，在写给苏沃林的信中，他几乎生气了。实际上，意大利给他留下了深刻的印象——这一俄罗斯传统是从果戈理和茹科夫斯基的时代到屠格涅夫，再到梅列日科夫斯基和一群现代主义者那里一直流传下来的——没有坚持任何传统的契诃夫仍然还是遵从了这一传统。"这是一个迷人的国家。如果我是一个孤独的艺术家并且有钱，那么我会在这里过冬。要知道意大利——先不用说其美妙的自然景观和温暖的气候——是唯一一个让您确信艺术实际上是一切之王的国家，而这种信念会让您精神抖擞。"

＊　＊　＊

他对于法国的回应是冷淡的——这对于从意大利进入法国的旅行者来说是合理的。但即使是这样，这里给他仍然留下了很多印象，假日还在继续。

在法国，契诃夫常以一种奇怪的方式提到俄罗斯，讲到他在那里看到的俄国人。他在大斋戒期的第六周到达尼斯，在复活节前的星期日前往俄罗斯教堂。但教堂里没有柳树枝，用的是棕榈树枝。还让他感到惊讶的是，在唱诗班中唱歌的不是男孩子，而是女士们，而且他发现她们唱得很好（对于这件事，他还在塔甘罗格时期参与父亲组建的铁匠唱诗班的时候就很了解了）。"她们出色地演唱了博尔特尼扬斯基的《赫儒文之歌 No.7》和简略版的《主祷文》。"

他在蒙特卡洛玩了轮盘赌，用"致村里的爷爷"的语气描述了此番经历。

他在巴黎只待了几天，当然，想要近距离地认识这座城市是不容易的。但是他又去了俄罗斯教堂——这就是给屠格涅夫举行葬礼仪式的达鲁街上的那座教堂，后来此教堂还接待了沙皇尼古拉二世，再后来许多无家可归的俄罗斯移民纷纷聚集于此。在契诃夫那个时代，巴黎的俄罗斯移民很少，他们也不去教堂参加晨祷。而且当时那座教堂被称为"大使馆教堂"，是另一种风格的，参加礼拜的人并不多，女士们有自己的椅子，她们大多是大使的亲眷，说的语言也大多是法语。使契诃夫感到惊讶的是，一些法国人也在此合唱。"巴黎的教堂很大，规模类似于莫斯科的米特罗凡教堂，但拥挤而闷热。希腊人与俄罗斯人一起聚集在此，法国人也很多。"

我不知道他是否去了卢浮宫。但他去看了埃菲尔铁塔，参观了展览，并参加了沙龙。他由此发现，列维坦优于法国的风景画家。

总之，巴黎和蒙特卡洛在他心里留下了些许浑浊不清的印记。

但是这一切都是短暂的，他们从巴黎直接返程回国——他的弟弟米哈伊尔不久前在阿列克辛找到了工作，契诃夫已提前委托他无论如何一定要找到一栋度夏的别墅。

阿列克辛是图拉省的一个小城，位于奥卡河边的卡卢加市附近，是一个崎岖不平、冈峦沟壑纵横的地方——当时那里只居住着七百多个人，但是这些人可以在高耸的地势上欣赏奥卡河以及大道后面的白桦树、田野和树林，俄罗斯中部地区所有鲜活和迷人的景象都展现在眼前。这一地域受到当时的艺术家们的喜爱——波连诺夫描述了奥卡河，列维坦也来到契诃夫这里做客。

米哈伊尔·帕夫洛维奇热心地为他的哥哥寻找夏天的住所，但是并没有找到合适的。他不得不在车站和桥梁附近租了一座小房子。

契诃夫一家都搬到了这里，整个家庭的老老少少一如既往地生活在一起。住宅有些拥挤，有时似乎也显得非常偏僻。四周都是森林，夜莺鸣叫，离奥卡河很近。"这里安静而舒适，但是天气不好的时候，就会感到无聊和忧伤。"但是这种状况并没有持续太久：玛丽亚·帕夫洛夫娜的女友从莫斯科赶来看她，莉卡·米津诺娃和列维坦也一起来这里做客。在从谢尔普霍夫来此地的轮船上,莉卡认识了一位穿着紧腰细褶长外衣和高筒靴的年轻人——地主贝利姆-科洛索夫斯基。莉卡告诉他,他们要去契诃夫的别墅,他知道位于铁路桥旁边的这座房子,并正确地评估了情况:这里将会非常拥挤。

然后,一切都顺着那个时代的精神发生了:第二天,三套马车驶向别墅,贝利姆-科洛索夫斯基邀请了他完全不认识的人来家里做客。(他可能知道契诃夫是一名作家。更可能的是他假装知道。在当时,"作家"这个称谓在俄罗斯是备受尊敬的。)

契诃夫去了,当然不是一个人,而是和家庭的所有年轻人一起去的。原来,在距科洛索夫斯基家只有一小时车程的地方有一座宏伟的博吉莫沃庄园,里面有着古老的主人房,叶卡捷琳娜二世在前往克里米亚的途中曾经在此地居住。庄园里的一切都宏伟壮观:房间是如此之大,以至于说话都有回声;大厅里饰有高大的浮雕立柱;供合唱之用的演奏厅、美妙的菩提树林荫道、河流、磨坊、池塘应有尽有。

安东·帕夫洛维奇立即租下了这座房子的顶层。5月17日,他已经从博吉莫沃给莉卡写了一封热情洋溢的信,后者已经去了莫斯科。

显然,的确有值得高兴的原因。契诃夫本人住在一间过去是客厅的房间,里面竖立着圆柱,摆放着一张大得差不多能坐下十个人的沙发,还有大大的落地窗。晚上打雷的时候,整个房间都在雷电下闪烁。

古董、贵族生活、大自然、诗歌环绕四周——还有什么生活是比这更适于休闲的呢？在这里的休息更多是内在的，而非外在。可以认为，安东·帕夫洛维奇在舒适的房屋、公园、池塘的环境里，在充满善意的友好气氛中感觉十分惬意。但是现在他该坐下来工作了。"懒惰伴随着我的生活"——他这样说自己，而且说得多么不公正！尽管身体不好，但他在短暂的一生中做了多少工作，有着多么顽强的毅力！完全是契诃夫家族所遗传的那种刻苦劳作的精神。

在博吉莫沃庄园里，他大约早上五点起床，弟弟米哈伊尔在一个特别的咖啡壶中为他煮咖啡，他边喝咖啡边坐下来写作——不在桌子上，而是想出来个办法在一个宽窗台上写作。窗户俯瞰着公园。乌鸫被湿气和芬芳所吸引，翩翩飞来。有的地方正在割草，有的地方菩提树开着花。在花园里有各种各样的紫罗兰、雏菊和狮子花。

他一直写到十一点，时不时地朝着窗外的花园看上一眼。然后吃午饭，小睡片刻，之后继续工作直到晚上。

他的心情不错，在博吉莫沃庄园的夏季写了很多东西。

首先是《村妇》。关于这部作品他是这样回应的，"夏天的，也就是一个稀溜溜的故事"——里面并没有"稀溜溜的"，这是他一贯的不屑一顾的语气，相反，里面有着凝结的苦味、黑暗和乡村的绝望。萨哈林岛的回声在一个家庭的剧情中回荡着，以砒霜和马什卡的苦刑结束，有着深深隐藏着的对于儿童的同情（一个女苦役犯的儿子库济卡），有着对于法利赛人的永恒的神圣的愤怒和对于女性命运的慨叹。而就艺术性的发展上来说，《村妇》这部作品像是未来的《农民》和《在峡谷里》——这些他创作高峰的萌芽。他用"稀溜溜的"来形容这部作品，只是为了博人一笑罢了。

从心理上讲，这不能说是休息，这一时期他仍然处于萨哈林岛人间地狱的笼罩之下，甚至意大利明媚阳光的爱抚也无法将其完全治愈。《萨哈林岛》还没有完成，他还需要继续撰写这部作品。

真正的休息时间是《决斗》——7月、8月的时候。《决斗》是在博吉莫沃有着回音的、竖立着大柱子的房间里写成的，契诃夫时不时地瞅瞅窗外花园里上百年的菩提树，他在窗台上铺开手稿，几乎整天在纸页上奋笔疾书，修修改改——这是很自然的，也应当如此。在他们的楼下，一楼住着动物学家瓦格涅尔和他的家人。他与瓦格涅尔经常发生争吵——关于人的退化，关于强者的权利，关于物竞天择。所有这些问题都迁移到了《决斗》中，就像瓦格涅尔本人附体在冯·柯连这个人物身上一样。

但最重要的是，他开始并且现在已经写出了一个光明而亲切的故事。这篇作品善良而感人，能够真正抚慰伤口，治愈和唤醒心灵。萨哈林岛在他的生命里以及艺术创作中都十分重要：在经历过人类灾难的景象之后，他的心灵才得以打开，向往和平——这是大海，阳光，感动，高加索地区遥远而宁静的生活。那里和其他地方一样，人们都是软弱且不讲道德的，也许他们正处于道德毁灭的边界，但还残存着善良和微笑。死亡只是错觉，并没有降临。降临的是拯救。

他在黑海沿岸的那次旅行（1888年）并没有白去。除了冯·柯连以外，小说的所有氛围、风景、日常生活和人物，一切都与那趟旅程有关。

在将《村妇》发给苏沃林的信件中，他写道："写庄稼人的生活很是无聊。该写写将军们了。"

《决斗》中并没有真正的将军。有一位军医萨莫依连科，实际上是一个上校，但他喜欢人们称他为将军。然而，事情的关键是，这位朴素、热情和善良的萨莫依连科却是过去的俄罗斯的"祖护者"，以至于无论这个国家曾是怎样的罪恶、羸弱和混乱，像他这样一个性情急躁之人都掩盖了恶习的黑暗。他充满着魅力：当他忙活着为自己的客人们，为冯·柯连和年轻的教堂执事准备沙拉，当他毫无意义地大喊大叫，不加考虑地借钱给别人，当他保护弱者，当他在一瞬间冒犯了拉耶夫斯基，还有当他——未曾读过托尔斯泰的一页书——不好意思地说，这是一位伟大的作家，因为"所有的作家都是凭幻想写东西，可是他写的却是实际生活"的种种时候，都让人印象深刻。

《决斗》中还有另一个人物——我不知道契诃夫是怎么构思出来这样一个人的——他似乎是次要角色，几乎没有参与任何行动，但在决定性的时刻，却正是他扭转了整个局面——年轻的、可笑的教堂执事。在这里，契诃夫似乎完全忘记了自己是如何迷恋达尔文的，是如何与苏沃林争论，为唯物主义辩护的。教堂执事是这部作品的"一颗简单的心"[1]，他被暂时派往海边小城工作，只要一听到什么俏皮话，便忍不住笑得在地上打滚；他才是小说的最大赢家——他以自己孩童般的（纯真和天真的）言行战胜了聪明而自负的冯·柯连。

---

[1]　指法国作家福楼拜的经典短篇小说《一颗简单的心》。

契诃夫很快就写完了《决斗》。新鲜的空气使他神清气爽，甚至让他更加强壮，但最后他累了，开始觉得这部作品既冗长又令人厌倦，且"让人困惑不解"。他修改了很多地方，整篇都重写了一遍，就像往常一样，在信中对其进行轻蔑的嘲笑。事实证明，这个故事除了内在意义外，还因其结构而引人注目：事件的发展安排得很好，一切都在变化——尽管有动物学家一成不变的哲理——戏剧不断发展并得到解决，就像是雷电与暴雨的交锋。《决斗》并不是按照时间线索撰写的，更像是一部剧本，而且这并非一部"情绪"戏剧，而是有着开端、发展、高潮和干净的结局的戏。

在读者眼前，软弱的拉耶夫斯基和他的女友娜杰日达·费多罗夫娜都以自己的方式堕落并即将死亡，但实际上，他们被可笑的教堂执事拯救了。当冯·柯连开始冷静地瞄准拉耶夫斯基时，这个教堂执事没有笑，而是从灌木丛后面大喊起来（他很好奇，想来看决斗，尽管这对一位神父来说并不太合适）。

教堂执事在之前与冯·柯连的对话中也常用非常简单的话捉弄他。而现在已经不是用言语，而是行动——教堂执事以心灵的行动挽救了拉耶夫斯基和冯·柯连本人：一个活了下来，另一个打偏了，没有成为杀人犯。在这里，对于教堂执事而言，语言成为功绩：他喊出了"话语"——只是这句话具有善良之闪电的力量，也就是功绩。

对于契诃夫来说，写出故事的结局似乎并不容易——这一结局有着艺术上的危险（他们开始了"新生活"有可能是无法令人信服的）。但是他完美地写出了这一结局。

让一个了解生活的人真诚地相信心灵急剧转变的可能性并说服读者相信这件事是多么困难啊，但是契诃夫恰恰做到了。结尾的场景发生在决斗之后的三个月，冯·柯连前往码头，打算离开此地，他顺道与过去的敌人告别，这种安排并没有什么让人感觉不合适的。他在那里找到了与他所认识的拉耶夫斯基和娜杰日达·费多罗夫娜截然不同的两人，并向他们承认了他在整个决斗事件中的错误。教堂执事和萨莫依连科为他送行，教堂执事再次成为赢家。他没有哈哈大笑，而是热情地对冯·柯连说：

尼古拉·瓦西里耶维奇，您知道吗，今天
您已经击败了人类最大的敌人——傲慢！

* * *

7 月份之后，天气渐凉。散发着秋天的气息。
我喜欢俄罗斯的秋天。有着一种不寻常的忧伤、
亲切和美丽。我想抛下一切与大雁一起飞走。

这封信是契诃夫 7 月 29 日写给苏沃林的，8 月 18 日他告知《决斗》已经写完。在阿列克辛附近的博吉莫沃度过的这个夏天，呼吸着不远处的奥卡河、森林与小树林，图拉与卡卢加田野新鲜空气的日子结束了。这一切都非常适合契诃夫，他与这里的一切都很协调。我们能够感觉得到，

他在博吉莫沃的居住是十分成功的——穿着紧腰长外衣和高筒靴，坐着豪华的三驾马车的阔绰地主贝利姆-科洛索夫斯基无疑给他的文学创作提供了绝佳的素材。

的确，《萨哈林岛》还没有写完，但在内心，契诃夫已经从里面走了出来，剩下的只有"职分"——需要将他已经承担的担子背负到底。他继续写作，并将未完成的手稿带到了莫斯科。

从9月份开始，在秋天的莫斯科他一如既往地开始了色彩斑斓的喧嚣生活。此地既没有像意大利和法国一般给他留有丰富的印象，也没有滋养他内心的乡村生活的那种凝神静气和充盈之感。当然，他在莫斯科的时候也在工作，也在写作，但已经不是《决斗》了。《决斗》已经刊登在《新时代》上，来自俄罗斯各地的信件纷纷投向"小德米特洛夫卡街，菲尔甘格住宅"。"一些陌生人纷纷写来信件。这些信件是非常真诚和充满善意的。"

这些信件是深沉而稳固的"人民之爱"的早期体现，并将一直伴随着他直到坟墓。

梅里霍沃的第一年

　　当契诃夫租住在林特瓦列夫家的别墅度夏时，他便打算购置一处房产。他甚至通过自己的朋友斯马金做了一些尝试——那时他想把房子买在乌克兰，可没能成功。但是这一想法和意念牢牢地扎根在他的心里，在他一直经历精神动荡、道路探索和犹疑不定的过程中，这一想法始终未曾改变，可能这些年来还在心中不断增长。他想要稳定下来，生活在"自己的"环境中。也许，这里也有他农民先祖的声音在说话：在契诃夫的身上始终隐藏着一位当家人和开垦者的身影。迄今为止，这一方面尚没有机会得以展现。

　　1892年的春天，他终于在离莫斯科—库尔斯克铁路的洛帕斯尼亚站几公里远的地方，从艺术家索罗赫京那里购买了一处不大的庄园梅里霍沃。洛帕斯尼亚本身距离莫斯科有七十俄里。因此这还算是莫斯科的周边地区，而按照旧的称呼方式，梅里霍沃也可以称为"契诃夫的莫斯科近郊"。但是，贵族时期的莫斯科近郊则与现在完全不同。梅里霍沃既没有上下两排窗的客厅，没有暖房，也没有花园。但是在这里，契诃夫复活了最早定居在蛮荒之地的沃罗涅日省的祖先的灵魂。

　　在契诃夫之前梅里霍沃曾有人住过。那里有一座房子，像是个公园（非常"像"）。其实，他们不得不把整座房子翻新一遍。我想，契诃夫恰恰是喜欢干这件事的。

整个家庭都搬了过来：帕维尔·叶戈洛维奇、叶甫盖尼娅·雅科夫列夫娜、妹妹玛莎和安东·帕夫洛维奇本人（亚历山大、伊凡和米哈伊尔几个兄弟已经独立生活）。在契诃夫的安排和指挥下，每个人都尽己所能。房屋被重新建造，他们进行了大扫除，粘贴墙纸，设计了单独的厨房，修整了花园——几乎把原来的一切都扔掉了。现在这座房子落入了善于持家的人的手中。

每个人都在干活：玛丽亚·帕夫洛夫娜这个二十八岁的姑娘的专业是绘画，她在勒热夫斯卡娅女子中学教书，现在她一早就穿上靴子，整天在田地里、打谷场、花园里忙活——为的是不让契诃夫太累。她崇拜他。曾经是哥哥供她完成学业，而现在她准备将自己的力量和一生都奉献给他（她做出了这样的奉献：为了跟随在他的左右，她始终没有嫁人。她以为他会一直单身下去）。帕维尔·叶戈洛维奇在花园里忙活，安东·帕夫洛维奇也在那里，叶甫盖尼娅·雅科夫列夫娜负责厨房和菜园子。当然家里还有一个厨娘和两个工人。

房子是一层的，但很宽敞。很快，被邀请至此的客人们就发现，契诃夫家像是老早就已经住在这里了：他们如此迅速地掌控了这栋房子，带来了自己的气息。

安东·帕夫洛维奇的书房是最好最大的房间，配有威尼斯式窗户、壁炉和土耳其大沙发。玛丽亚·帕夫洛夫娜的房间是散发着少女气息的白色闺房。房间里摆设着花束，有一张窄窄的、无可挑剔的小床，墙上挂着哥哥的大幅肖像画。叶甫盖尼娅·雅科夫列夫娜拥有一个很大的衣柜和一个装有各种物件的箱子，还有一台缝纫机。帕维尔·叶戈洛维奇的房间则更像是修道士的单人僧房或祈祷室，到处都是圣像、《圣经》和油灯。白天他在花园里劳作，晚上便开始做晚祷，经常彻夜祈祷，低声吟唱赞美诗。

梅里霍沃庄园并没有什么引人注目或令人愉快之处。在该地区以及附近的卡希拉区（已经是图拉省地域），尤其是在奥卡河沿岸，安东·帕夫洛维奇可以找到更具吸引力的地方。但是这座房子他马上就买了下来，根本没有做太多的考虑。可以说，自从1892年春天搬到这里住过一段时间以来，他就喜欢上了这个村庄，甚至心情都变得愉悦了。他在这里感觉好多了。当然还有俄罗斯春天本身的魅力……"大自然发生了令人惊奇的、美妙动人的变化。""我的心情平和，静观其变。""看着眼前的春天，我真希望在另一个世界有天堂。总之，有那么几分钟我感觉非常好，甚至迷信地抑制了自己的幻想。"契诃夫的书信中很少出现这样的句子，但平凡的梅里霍沃的春天却在他的内心引起了如此这般美妙的回响。这是正确的。他真正地感受到了他的祖国和大自然。

但是无论如何也不能把他想象成一个成天无所事事的，对于春天的美好徒生慨叹的地主老爷。春天是春天，家务是家务，毕竟他首先是个作家。在所有这些飞掠而过的椋鸟、春天的朝霞、盛开的雪花莲、如茵的绿草以及对于天堂的感觉的环绕之中，他却写出了最令人心情沉重的一部小说《第六病室》——这与在博吉莫沃所写的《决斗》几乎是完全相反的！但是契诃夫总是多面而复杂的。是什么吸引他在梅里霍沃寂静的春天里写了一个使治疗精神病人的健康医生陷入疯人世界里的故事，这是无从知晓的。有什么东西穿透了他。这部作品就像是《没意思的故事》的余悸。健康的人、病人——都是幻象，都是错觉。价值似乎只有一个。

如果你去问他本人，他可能会回答："我一直不停地写了又写。因为我需要钱。"他无法忍受诗意的姿态：诸如"为缪斯女神服务""为了神圣的艺术"等，这是有失真实的。阅读他的来信，人们可能会以为他所谈论的是克拉斯努欣手下的一位"业务熟练"的中层报纸雇员。但是契诃夫在所有方面都是很特别的，与其他作家都不太相似。（例如，除了他，谁还会给杂志编辑写一封语气严肃的信，只因为后者在该报的预告中称其"才华卓著"，并以"招牌般大的字号"刊登了契诃夫那篇小说的标题——这给作者"留下了最不愉快的印象"。[1]他不反对广告，但是认为"对于文学家而言，对于读者和同事的谦虚态度和文学手法本身才是最忠实的广告"。）

这个复活节他们已经在自己安置好的新家里度过。在梅里霍沃村，离庄园很近的地方有一座教堂，但没有司祭。整个村子都有在复活节做晨祷的习俗，契诃夫家当然也是如此。他们邀请了邻近的达维多夫升天修道院的一名修士来做弥撒。契诃夫全家都唱了赞美诗，安东·帕夫洛维奇也唱了。即使在梅里霍沃时期，他回想起儿时唱赞美诗的

---

[1] 1892年4月25日《世界画报》杂志在第一页上刊登了一个预告："在最近一斯的《世界画报》上将要发表才华卓著的小说家安东·帕夫洛维奇·契诃夫的新作《在流放中》。"

经历仍然有许多痛苦的记忆，但他仍然不能拒绝礼拜仪式本身的美妙和诗性。"我们唱着复活节的晨祷文，即我和我的客人们，都是些年轻人。唱出来的效果非常好，十分和谐，尤其是日祷。农民们十分满意，并说，他们的祷告仪式从未如此庄严。"

他在同一封信中还提到了椋鸟。那里的椋鸟很多。"椋鸟完全可以这样说自己：只要我在，就会一直给我的上帝唱歌。它整天都在叽叽喳喳地唱歌，从未停歇。"

* * *

我们这一代人，如果是在乡村度过的童年——那就一定记得大人们关于饥饿的谈话（90年代初）。我们所认识的年轻女士们、大学生们都前往某个地方去拯救"饥饿"。医生们和他们的父母谈论着一些关于"地方自治局"的话题，托尔斯泰的名字被以崇高的敬意传颂，他也曾号召人们去哪些地方，向谁申诉。饥饿，可怕的饥饿！似乎令人毛骨悚然。

契诃夫在博吉莫沃度过了一个平静的夏天之后，于1891年秋天完全投入到救助饥荒的事业当中。

他与当时担任下诺夫哥罗德省地方长官的老朋友叶戈罗夫一起，提出了一种特殊的救济方式。想法是这样的：在秋天，农民们由于贫穷和收成不好非常廉价地出售了马匹。春天来了，他们没有了用于耕作春季作物的马匹，这意味着他们将无法播种。如果专门有人在秋季收购马匹，那么春季他们就可以将其无偿地分发给没有马匹的农民们。

除了文学（他那时刚刚写了《跳来跳去的女人》，这篇小说给他带来了很大的麻烦）以外，契诃夫 1891 年的秋天是以为购买这些马匹而筹集资金作为标志的。

他与苏沃林和《俄罗斯消息报》一起组织了一次筹集资金的集会，以支持陷入饥饿的人们，他还写了关于饥荒问题的文章。他亲自筹集的所有物资都送到了叶戈罗夫那里。叶戈罗夫购买了马匹，契诃夫对于此事十分投入，甚至还在 1892 年 1 月亲自去了一趟下诺夫哥罗德省——当时正值天寒地冻的时节，他差点儿在夜里死在暴风雪中。当然，他像在萨哈林岛上那样再次损伤了自己的健康，但显然，无论是那时还是现在，他都无法因为要保护自己的身体健康而做出另外的选择。深埋在他心中的萨哈林岛鞭策其不断前行。这就是他的命运。

12 月和 1 月的信件中他简单地写道"给您寄上一百一十六卢布"或"十七卢布"，然后又补寄了一些。似乎也并没有多少钱，但他不得不仔细考虑这些问题，为这些琐事担忧。下诺夫哥罗德有多少无马的农户呀！在严寒中乘着马车非常有趣，天晓得将前往何处。他需要去当地检查分配马匹的状况，再给叶戈罗夫带去一戈比一戈比凑出来的几百卢布。然后再前往沃罗涅日。那里也有一些熟人，也需要购买马匹，但是安排却有所不同——省长库罗夫斯基负责此事（"一个聪明而真诚的人"，"做了很多工作"）。

在下诺夫哥罗德省，购置马匹的事情似乎进行得并不十分成功；由于购买量的增加，马的价格立即涨上去了。但这并不是最重要的。无论契诃夫和叶戈罗夫所做的是多还是少，总之 1891 年到 1892 年的饥荒对于契诃夫的人生道路都是重要的，进一步加强了他心中萨哈林岛的倾向。对于永恒问题的焦虑——我为什么而活？我为什么而写作？我对世界持有怎样的看法？这些问题仍然存在，并像过去一样具有双重性，但是在其周围有着一个确定不移的思想。"悲惨世界"就在身边，谁都无法摆脱，它已牢固地确立。

当契诃夫将自己和自己的力量献给悲惨的"穷苦人"时，就像他在萨哈林岛上为"沉沦堕落的人们"奉献自己时一样，他成功了。他的作为产生了很好的结果。

现在，他于1892年春天购买了梅里霍沃的庄园并在此地定居。事实证明这并非偶然。在这一美妙的春天，他终于感到自己安定下来，成为自己的主人，甚至是一个地主。正是在这里，他与"契诃夫"家族的祖先们一起扎根于人民的深处。从梅里霍沃的庄园走上个三百步便到了村子里。

契诃夫像是返回到了他的祖先们的身边，回到了所有的叶夫斯特拉季和米哈伊尔，以及叶戈尔的身边……他是否在梅里霍沃期待着旧式地主的生活？局限于栅栏里的愿望？温情、松乳菇、馅饼、鸭子、鹅？听起来不太像是他的生活。的确不再是那个时代了。

平静、安宁当然是他想要的，他也想待在自己舒适的家里。他搬到此地的时候从未想过什么"为人民服务"，也从未有过什么庄严崇高的想法，但是……"点燃一支蜡烛，不要把它放在罩子下面，而是放在烛台上，它的光芒便可以照亮屋子里的每个人。"

他并没有完全过上他预想的生活，但是从某种意义上来说又是很好的生活。

休息，享受春天，宁静、安定和宽裕的时间并不长。1892 年的夏天，与饥荒一同出现的还有霍乱——它们并肩而行，就像是恶魔降临时所应该出现的那一幅景象。

这一次契诃夫遇到的情况与马无关。"由于我们这里还没有暴发霍乱，我被邀请担任地方自治局医院的防疫医生，分给了我一个负责的地区，现在我每天奔走于各个乡村和工厂，为防疫会议搜集资料。根本没有时间考虑文学创作了。"（7 月 13 日）接下去的情况也是如此。自治局给他分配了二十三个村庄的防疫检查工作，后来又增加到了二十五个。他没有一张病床，没有一名助理医师。这令人担忧，常常惹人生气，但也让人激动起来。整个夏天和秋天他都有很多工作要做，总是不停歇地各地奔走。霍乱在该地区尚未出现，但它正在从北方和奥卡河沿岸的各个方向向外蔓延，并已经在莫斯科出现。

他像是生活在被围困的堡垒中，不知疲倦地对其进行加固。"二十五个村庄只准备了一个量杯，连一个温度计也没有，只有半磅的苯酚。"

又是这样一副腔调，如果你只听他所说的话，就难以理解他为什么要做这一切。"无聊。""每天想的都是那些腹泻的病人，夜里一听到狗叫或是敲门声就瑟瑟发抖（是不是来找我的？），白天则坐着令人厌恶的马车在从未走过的道路上奔波，读的都是些关于霍乱的书，等待着的似乎只有霍乱，同时我对于自己所服务的这种疾病和这些人又都是完全地漠不关心……"

那为什么还要去服务呢？他拒绝了报酬，与此同时，他本人在购买庄园时欠下了债务，需要从稿费中扣除一部分以偿还债务。但他不能平静下来，不能在一个舒适的房子里过一过悠闲自在的生活，他整日外出奔走，教农民们卫生保健措施，遍访地主和工厂主，为与霍乱抗争募集资金。"我原来是个出色的乞丐"，他募集了不少物资，现在他已经有"两间医疗设施配备齐全的隔离病房，还有五间设施不是不完备，而是极其糟糕的隔离病房"，而在旁边却写着"我身无分文"。

最出色的乞丐有时也会陷入困境。有什么人是他在这些年的游历中没见识过的呢！比如，他拜访了女邻居奥尔洛娃-达维多娃伯爵夫人，想要给她的工人们建立一间隔离病房。她"跟我交流的方式，就好像我是到她这里来找工作的"。修士大司祭拒绝给未来的病人们腾出空间的行为也让他颇为不满。这使得契诃夫在信的结尾，在谈过了珠光宝气的太太和高高在上而又无动于衷的司祭之后又加上了两行："经常有个神父来我这儿一坐就是很久，是个好人，鳏夫，有几个孩子。"

这些与此类似的经历可以追寻到《妻子》这部小说的根源。在这个故事中，一位冷酷而富有的工程师正在自己的庄园里写关于铁路的学术论文，此刻他卷入了抗击饥饿的热潮中。所有在那里工作的医生和女士也都是安东·帕夫洛维奇·契诃夫所处环境中的各色人物。"知识分子们非常拼命地工作，既不吝惜生命也不吝惜金钱；我每天都能看到他们并深受感动……"

也许由于采取了防疫措施，霍乱并未到达他所负责的区域。疾病已经蔓延到了三十俄里以外的地方，但幸好并未传播至此地。但他也不得不与伤寒、白喉、猩红热这些流行病做斗争。从 8 月到 10 月 15 日，他登记了五百多名患者，但实际上他至少接诊了不少于一千名患者。10 月份，谢尔普霍夫地方自治局通过决议对契诃夫进行表彰：契诃夫负责的辖区非常成功，并且几乎没有花费自治局的分毫。契诃夫大肆"搜刮"了邻近的工厂主，"这些人替自治局承担了责任"。

10 月初霍乱已经消退，但他还不能离开负责的辖区，只能短暂地去莫斯科待上一两天。从下半月开始他的生活才算恢复正常。在契诃夫的信件中出现了另一种调子——他开始更多地关心起自己和家人。妹妹玛丽亚·帕夫洛夫娜拒绝了别人的求婚。"我完全无法理解。"现在从与契诃夫家族关系密切的人们的口中得知，她正是因为哥哥才不想出嫁的。

关于自己，安东·帕夫洛维奇对苏沃林写道："我不想结婚，也没谁可娶的。去他的吧。我要是和妻子在一起准会无聊透顶。但是坠入爱河却是无碍的。没有强烈的爱情生活是多么无聊啊。"

在经历过夏季的操劳之后，他似乎整个人都疲惫了。但是产生了文学上的兴趣——他绝妙地回答了哥哥关于丹麦的消息："我的作品被翻译成了丹麦语，这真是令人欣慰。现在我对丹麦十分放心。"

而对于作为作家的自己，他却并不那么放心。在俄罗斯阴郁的秋天，在乡下，他对自己的写作进行了很多思考，然后又回到了《没意思的故事》的情绪中。还是没有"总体思想"。永垂不朽的甚至仅仅是优秀的作家，他们总是"前往某个方向，他们在冥冥中被召唤至此，他们不是在理智上，而是整个生命都感觉得到他们有着什么目标……"。
"一些人……的目标是近处的——农奴制、解放国家、政治、美或只是伏特加，就像丹尼斯·达维多夫所怀有的目标一样，而另一些人有着遥远的目标——上帝、死后的生命、人类的幸福。""您除了生活呈现的样子，还能够感觉得到它应该具有的样子，这使人着迷。而'我们'这些当代作家则完全没有这种能力。""那些什么也不想要、什么都不希望、什么都不害怕的人是不能成为艺术家的。"

　　这便是契诃夫对于上帝的思念。赫里斯托福尔神父知道契诃夫所缺乏的东西的所有本质。这就是为什么他总是澄明、豁达。契诃夫热忱地为上帝服务，并不比赫里斯托福尔神父差，也许甚至更好，但是他没有内心的完整性。不只是缺乏完整性，恰恰是这种分裂造成了他思想上的摇摆性和忧愁。这种情况一直持续到他最后的日子，无论他有着什么对于"两百年、三百年之后"的理想生活的向往，无论他后期创作的主人公们怎样地自我陶醉。

*　*　*

　　在梅里霍沃的一年结束了。在契诃夫身上有着一些适合乡村生活的天然秉性。不能说他在这个新地方感到无聊，即使在医疗上的艰苦奋战已经结束的时候也不能这么说。"我种了六十棵樱桃树和八十棵苹果树。我们挖了一个新池塘，到了春天，两米宽的池塘里将蓄满水。"——所有这些都让他感觉饶有趣味。但是另一位永恒忧郁的契诃夫就在近旁。"我不是很想活着。我不想死去，但我也厌倦了生活。"（他才三十二岁！）

能想象得到，契诃夫是怎样坐在大门后面的长椅上凝视着棕色的田野，"海阔天空"地畅想着——后来他在雅尔塔也是以这副样子被铭记，也是坐在长凳上，也是独自一人，只是眼前眺望的不再是棕色的田野，而是夜晚的海岸。

1892年的冬天来得相当早——10月的下半月就开始入冬了。"今天我走在雪地里，周围一个人也没有，我感觉自己是在月球上漫步。"尽管他种下了许多樱桃树和苹果树，感觉自己像个地主，而且在此地已经扎下了根——对于生活在乡村的俄罗斯人来说这种生活是多么惬意啊！——但总归他还是向往远方。"如果我有时间和金钱，我会再去一趟意大利和巴黎。"当他身处就像在月球上一样的棕色或是白雪皑皑的田野时，仍然许多次地回想起意大利。

莉卡，《海鸥》

　　玛丽亚·帕夫洛夫娜的女友莉季娅·斯塔希叶夫娜·米津诺娃于90年代初出现在契诃夫的家中。这是一位非常漂亮、身材丰满的女孩，有着一头灰褐色的卷发以及炯炯有神的灰色眼睛。显然，她的性格活泼开朗，但有些思绪混乱和神经紧张，对生活有着很高的要求。

　　在好朋友的圈子里她被称为莉卡。她曾在莫斯科的市杜马供职，学习过戏剧艺术，在勒热夫斯卡娅中学当过老师——她与玛丽亚·帕夫洛夫娜就是在那里认识的。她唱歌很好听，富有艺术才能。在莫斯科，她在文学界和艺术界与许多人相熟，其中就包括契诃夫和列维坦。他们俩都很喜欢她，的确，喜欢她的人不在少数。

　　毫无疑问，她有着很多吸引人的地方。她的美丽、独特风情、炙热感情和杰出的才华都颇具魅力。契诃夫一家人都很喜爱她。可以认为，她在契诃夫家里的地位就如同亲人一般。契诃夫一家居住地的变迁也影响着她的生活。他们在博吉莫沃租了一套别墅，她也搬来此地居住。而后契诃夫一家搬至梅里霍沃，她也与此地非常牢固地联系起来。

　　莉卡与契诃夫的友好关系始于博吉莫沃。契诃夫当然早就注意到了她。但是，他在1891年写给她的信屈指可数，

莉卡和契诃夫

而且信中总是充满了俏皮话和嘲弄，很难说这些玩笑话都
是成功的。她于1892年春天首次出现在梅里霍沃，然后在
6月份再次出现。她对契诃夫的态度变得更加严肃了一些，
尽管也有许多的玩笑话和打趣。

　　有一张照片保存了下来：莉卡和契诃夫坐在一张长凳
上，背景可能是在公园里，可能是在长满高高的杂草和鲜花、
深处是树丛的荒废花园中。霍乱距离此地尚远，契诃夫享
受着自由，显然，他们经常在一起（"你还记得我们一大
早在田野里散步吗？"），当然指的是他们在梅里霍沃附
近简陋的环境中徘徊。契诃夫常说些玩笑话戏弄她，总之
两人之间相互的好感在增强，这是毫无疑问的，以何种方
式进展就不得而知了。而当下他们甚至打算一起前往高加
索旅行：这是十分大胆的一步，那时的莉卡只有二十二岁。

她回到了莫斯科，需要在那里订两个人的火车票。

他们是如何告别的，我们无从知晓。她走以后没多久，契诃夫收到了她的一封信——字里行间诉说着对于遥远的，已经故去的人们的感情，就好像梅里霍沃的那些人都已不在，梅里霍沃本身也已经没有了。

莉卡是这样写的："如果抛开所有虚假的自尊心，我会说我很伤心，我真的很想见到您。我感到忧伤还因为，安东·帕夫洛维奇，您想必对我离开前一晚的行为感到惊讶和不悦。我承认作为一个女孩子我的举止是有失分寸的。我如此失态，甚至没能理解您的玩笑话并把它当真了——简直就是十分可笑的。嗯，而您必定不会指责我，因为我相信，您早就确信，我就是这样的一个人。"

似乎是在分别时，她没有听懂契诃夫的玩笑话，并在他所说的话的影响下，一时激动对自己和自己的感情袒露了太多。但是契诃夫几乎总是这样说话：即使在几十年后的今天，想要区分他信中真相和面具的成分也并不容易。显然，回到家后，莉卡感到有些沮丧。

契诃夫的回信是这样开头的："亲爱的小甜瓜，给我写信吧，直到霍乱在高加索地区结束之前我都不想为车票的事儿忙活。我可不想到了那里被隔离。"借口大概是他编造的：关于隔离和霍乱他当然是打算和她一起出行时就知道的。可能他只是不想去了（"合理的解释"是不能去太远的地方）。"莉库霞[1]，比起发牢骚并以家庭女教师的腔调斥责我的恶劣（？）行为，您最好还是在写给我的信中

1　莉卡的爱称。编注。

谈一谈您生活得怎么样，做了些什么，总的来说过得如何。勒热夫区的龙骑兵们是否向您献殷勤了？我允许您接受这些殷勤，但前提是您，朋友，不迟于7月底到我这儿来。您听到了吗？不迟于7月底，否则您将被棍棒殴打。"

他的下一封信写在6月底，语气有所不同，显示出他内心情绪的摇摆不定："……从本质上讲，我做得很好，因为我服从了常理，而不是遵从被您所刺伤的内心。请离我远一些，更远一些！或是不，莉卡，不管您走到哪里，都请让我在您的香水气味的萦绕中晕头转向，并帮我勒紧拴在我脖子上的绳索。请不要忘记那位被您所战胜的米底亚王国的国王。"

事实证明，莉卡对生活的洞察力和认识远超过同龄的女孩子。她能够正确地审时度势，且不会被两三句甜言蜜语所轻而易举地迷惑。她是这样回信的："我是多想（如果可以的话）拉紧绳索！但人要恪守本分！这是我一生中第一次这么不走运！"

莉卡很清楚契诃夫的意思。他非常喜欢她，但这还不能让他迈出决定性的一步。而且他也没有准备好完全臣服于女人的掌控。这位以写作为生的艺术家过于珍视个人的自由，太容易受到漫不经心的爱欲的吸引，对女性的温柔予以回应，但感情却不深刻。

结果他们的命运还是本着其应有的方向发展下去：两人之间的情缘并没有导致命运的转折，但是对他而言，这成为遥远未来他最重要的著作的一段序言。而对于她来说，这成为真正行动前的序幕。

一直忙碌于霍乱的这个夏天快要结束了。他们之间时有书信联络。很难说两人对这种关系的现状是满意的。好像在他和她身上都扎进了一根刺。她轻描淡写地挖苦他，他也予以回击，又是说些玩笑话，又是那种让她恼怒的腔调，尽管在这些玩笑话的背后也能感觉得到他的某种不悦：最后，他也没有得到自己想要的。这是他在 1892 年 12 月从彼得堡给她写的信："莉库霞，如果您真的要来彼得堡，那么请务必告诉我。您恶毒地指责占满我时间的公务不会妨碍我花一些时间陪您，当然，如果您愿意的话。我已经不敢指望您能为我分出一两个小时或整个晚上。您已经结识了新的朋友，有了新的心上人，如果您能为故旧的、令人讨厌的爱慕者花上两三分钟的时间，那么也要谢谢您了。"但是在这封信的结尾，他又开始肆意挑逗——在信中附上了关于某个人想要结婚，关于此人想要找到一位活泼开朗的金发女郎等内容的剪报。"您非常符合要求。"

这种情况一直持续到 1893 年——契诃夫去莫斯科的时候，他们就在莫斯科见面，莉卡也几次来到梅里霍沃，然后继续通信。她经常直率和勇敢地指责他，一位年轻姑娘以如此态度对待著名作家（甚至伏尔加河上的一艘轮船也是以"安东·契诃夫"的名字命名的）是罕见的，而且他比她年长许多。但这并没有制止她的挑衅。"亲爱的莉卡，您从外来词的词典中找到了自私这个词，并且您在每封信中都将其奉送给我。请用这个词来称呼您的小狗吧。"她甚至还触犯他的写作（说他"为了自我满足而写作"——简直就是粗鲁）。

但是他在一个地方说走了嘴。他所赋予书中人物的非常"契诃夫式"的东西突然降临到他自己身上。这与巴布金诺时代,甚至是林特瓦列夫时期的契诃夫一点儿也不像。过去那种对于生活的热爱所剩无几,确实萨哈林岛是一个门槛。"我也是个老人……已经错过了青春的我,想过上像样的、真正的生活,而如果我做不到这一点,那么我会找个开脱的理由:我是个老人。"然后是,"莉卡,如果您已经爱上了别人,已经忘记了我,那么至少不要愚弄我才是。"

* * *

伊格纳季·尼古拉耶维奇·波塔片科是一位有着乌克兰血统的小说家,活泼又敏捷,有才华,非常成功,赚到了很多钱,也写了不少东西。有一段时间他的名字——完全是不合理的——总是与契诃夫的名字相提并论。我们这一代人透过青春的迷雾还依稀记得他的小说《六个人》——一部关于农村神职人员生活的作品(波塔片科是牧师的儿子)。在那个时代,"思想上的"东西几乎使他声名远播。

他唱起歌来令人愉悦,善于交际,也很富有魅力。他可以在印刷纸上写上一天都没有涂改,这让契诃夫感到十分惊讶。(创作成熟期的契诃夫很难一气呵成,他细心琢磨,有时把半页纸的内容压缩成一句话。)

波塔片科对待契诃夫十分友好。还满怀同情、客观真实地写了关于契诃夫的回忆录。他们两人文学创作的命运是完全不同的——也只能如此。他们的天分迥异,对待自己天赋的态度也截然不同。

波塔片科 80 年代后期在敖德萨结识了契诃夫。那一次的会面十分匆忙。不知为何，契诃夫感觉他是个十分枯燥的人。这就解释了为什么契诃夫在给莉卡的信（1893年7月）中写道："波塔片科会来找我。无聊透顶。"

他果真来了。事实证明，他一点儿也不无聊，不乏味："波塔片科给我留下了很好的印象。他唱歌很好听。"

同年12月，他再次来到梅里霍沃。"波塔片科和莉卡刚刚到了。波塔片科已经在唱歌了。"

这次他给人的印象是十分开朗和歌声动听。莉卡弹钢琴伴奏，而他在伴奏之下唤起了少女的心。当然，他用"令人感动的语言"侃侃而谈，还有南方人的热血、坦率的性情也颇具感染力。在梅里霍沃度过的那个圣诞节对于莉卡来说是命中注定的不幸。波塔片科显然知道自己想要的是什么。他没有调情，没有开玩笑，也没有踌躇不前。而且他本人很可能真的坠入了爱河：他是个多情之人，莉卡又很有魅力。

1894年初他去了巴黎。莉卡和她的女友瓦利娅·埃别尔列同年春天也决定去巴黎学习声乐。

1月份，在梅里霍沃的契诃夫感觉身体不大舒服：他的咳嗽加重了。可能是由于身体欠佳或是需要调整心情，他于3月初前往雅尔塔。

在那里，他居住在"俄罗斯宾馆"，过着静谧而又十分枯燥的生活，尽管雅尔塔的3月是非常温暖、明亮的，满眼都是绿色。俄罗斯宾馆走廊的墙壁是白色的，地面铺着柔软的红地毯，人们悄无声息地从上面走过——要么是侍应生端着银盘给安东·契诃夫送来咖啡，要么是牵着小狗的女士，要么是来此接受治疗的面容憔悴的先生。从窗户往外看去，在淡紫色的雾中可以看到一座山，在山坡处有许多斑斑点点的别墅和房屋。

在这一静谧的环境中，在俄罗斯宾馆配有绿色丝绒家具的房间里，他写下了一篇美妙的短篇小说《大学生》。

后来他本人说，这是他很喜欢的一篇作品——其中谈到了某些他最为隐秘的、珍贵的东西，这在他的通信中是找不到痕迹的（在一封信中他曾表达过字面上相反的意思，但是"出于理智"）。《大学生》于1894年4月16日发表在我们童年时代的自由派报纸《俄罗斯邮报》上——我们正是从那里学会了阅读。也许，留着山羊胡子的知识分子们、诚恳的高等女校的学生们以及俄罗斯地方自治局高尚的统计学家们都困惑不解地阅读过这篇小说。

作者本人的内心也感觉不太平静。莉卡的离开未必是他心中所愿。也许他更不喜欢的是她与波塔片科一同离开。诚然，据称波塔片科去了意大利，但是契诃夫已经对他足够了解。

3月底，在复活节前一周，他从雅尔塔的住宅写信给苏沃林："如果我有一千或是一千五百卢布，我一定会去巴黎，这在很多方面来说都是件好事。"

苏沃林并不知道是哪些方面的原因。我们知道得更多一些，可以略做猜测。

莉卡当时还在柏林，她在去巴黎的途中在那里稍做停留。3月15日，她给身在雅尔塔的契诃夫写了一封信。信中反映了她紧张不安的情绪以及对于生活的渴望："我想尽快到达目的地，我也想好好在柏林转一转，因为我不久就会死去，就什么也看不到了。"

他是这样作答的："亲爱的莉卡，谢谢您的来信。尽管您在信中以自己即将死去来吓唬我，虽然您嘲讽我，说我把您拒绝了，但我还是要感谢您。我非常清楚地知道，您是不会死去的，而且也没有人拒绝您。"然后呢，当然就是一些玩笑话（"我理想的生活：无所事事，爱上一个丰满的姑娘"），但总体上的语气是温柔的（尽管有所克制），也许还带着一丝悲伤。在消遣取乐的同时，他经受着心律不齐的折磨并还要写下去，一直写下去……他累了。"亲爱的莉卡，您定会成为一位伟大的歌唱家……"——句子的开头就像是特列普列夫在《海鸥》里所讲的话，然后又回到了通常写信的那种腔调——"然后您将获得高薪，给我一点儿施舍吧：让我娶您为妻并以您的酬劳养活我，那样我就可以什么都不用做了。"

4月，他回到了梅里霍沃，在那里度过了夏天。到了8月他与从巴黎返回的波塔片科一起沿着伏尔加河旅行。这次旅程十分奇怪：他们并没有到达察里津。在下诺夫哥罗德忧郁症侵袭了契诃夫。炎热的天气、干燥的狂风、集市的喧嚣都让他难以忍受，还出现了一位总是能引起契诃夫心情抑郁的谢尔格延科（"一位托尔斯泰主义者"）——"……我提起行李箱，丢人地跑到了……火车站。波塔片科跟在我身后。"他们决定去林特瓦列夫那里，去普肖尔河、卢卡河。他们在那里待了一段时间。

总的来说，整个秋天契诃夫都辗转于各地。关于莉卡他一无所知。很显然，现在和他一起到处旅行的波塔片科正是在离开巴黎之前，结束了与莉卡的短暂情侣关系并抛弃了她。当然，关于此事他没有告诉契诃夫。

从林特瓦列夫那里契诃夫又回到梅里霍沃，但待的时间不长。他在塔甘罗格的叔叔病重，就是那位留着大胡子，心地淳朴的米特罗凡·叶戈洛维奇。他被描绘为家族在塔甘罗格的荣耀，他总是穿着庄重的衬衫，有着健壮的胸肌，充满了旧俄罗斯式的宽厚。安东·帕夫洛维奇从小就很爱他，写给叔叔的信中都充满着敬意，蕴含着令人感动的色彩——他甚至不允许自己开玩笑。契诃夫也喜爱他的儿子，堂弟格奥尔吉。（奇怪的是，他写给格奥尔吉的信件甚至比写给妹妹玛丽亚·帕夫洛夫娜那些枯燥无味的信更加亲昵，最起码也更加有趣。）

　　当远在塔甘罗格的米特罗凡·叶戈洛维奇病倒时，安东·帕夫洛维奇无法再待在家里，连忙赶去给他医治。或者，是去与那个在他的童年时代，除了严厉暴躁的父亲帕维尔·叶戈洛维奇，在他面前也显现出善良和宽慰的亲人告别，在他还活着的时候去看望一下他（但并没有停留太久）。

　　他从塔甘罗格又前往费奥多西亚看望自己的老朋友苏沃林。事实证明，他的财务状况比他自己想象的要好得多：小说的销量很好。这给了他很大的自由。他去了新阿丰，然后乘船去了雅尔塔。这期间，米特罗凡·叶戈洛维奇去世了。安东·帕夫洛维奇从轮船上写信给格奥尔吉："亲爱的乔治……我不会去安慰你，因为我自己也很难过。我衷心地爱戴已故的叔叔，并敬仰他。"

　　他本人有些心慌意乱，不知道该怎么办。他乘船驶往雅尔塔，也许还要去国外。事情就这样发生了，现在他已经到了敖德萨。但是吸引他到国外的可能还有其他一些因素。

他的健康状况并不太好。但是，如果想要得到治疗和增强体质，则需要在一个安静的疗养地长期居住。而他在这里则是到处走动。9 月 18 日，他已身在维也纳，并计划前往亚德里亚海边的海水浴场阿巴济亚。"亲爱的莉卡，您固执地不给我回信，但我仍然不厌其烦，用接连不断的信件搅扰您。波塔片科曾经告诉我，说您和瓦利娅·埃别尔列将要去瑞士。"如果这是真的，那么无论别人在信中怎么说，他都会与她"很高兴地相见……我恳求您，不要写信告诉任何俄罗斯的朋友，说我在国外。我像小偷一样悄悄溜走了，玛莎还以为我仍在费奥多西亚呢。"

这是一封非常奇怪的信，里面流露出一些紧张和悲伤的情绪。信中最后的几句话："我的身体不大舒服。我几乎一直在咳嗽。显然，我像错失您一样，也错失了健康。"

他在阿巴济亚待了很短的时间，又去了意大利，参观了威尼斯、米兰，然后去了法国的里维埃拉和尼斯。

关于莉卡没有给他回信的误解在尼斯得以消除：她给他写了几封信，但信件跟随着他的足迹旅行，几经周折到了这里才追上他。信中的语气忧伤而沮丧——她孤身一人，心情抑郁。她给了他自己在瑞士的地址。如果他来了，她会感到很高兴，"但是我事先警告您，不要对任何事情感到惊讶。"她有孕在身是否已经很明显了？还是她只是随便说说？

"您从塔甘罗格寄来的卡片让我感到一阵寒意。"（契诃夫有时会给他所爱的人写语气十分冷淡的信。）"显然，我所爱的所有人最终都将我忽视，这就是我的宿命。由于某些原因，我今天仍然想与您交谈。我非常，非常地不开心。不要嘲笑我。昔日的莉卡已经不见踪影，而且，我认为，不管怎么说，您都应该为这一切承担罪责。"

翻译成直白的语言就是：如果您能果决一些，如果那时我们一起去了高加索，并把我们的生活连接在一起，那么就不会有这个波塔片科的偶然出现，不会有这个短暂而沉重的事件故意刁难您，等等。

在 10 月 3 日的一封信中，她重复道：不要对任何事情感到惊讶。"如果您不害怕对过去的莉卡感到失望，那就来吧。在我的身上已经没有了她的丝毫踪影。是的，仅六个月就让我的整个生活都彻底改变了。但是，我并不认为您对我落井下石。在我看来，您对于别人和别人的缺点与弱点一直都是漠不关心的。"

这刺痛了契诃夫。（"您不该说我对别人持漠不关心的态度。"）还很年轻，但已经经历了很多的莉卡在某些方面是正确的，只是没有很恰当地表达。更确切地说是关于他的宽容之心。契诃夫从来没有摆出过遵守教规者的姿势。伪善者的言行不一与他格格不入。他本人和其他人一样是一个有罪之人，他意识到了这一点，这为他对别人的态度定下了基调。他（在信件中）有着关于因罪恶而遭受苦难的绝妙句子——只有亲身经历过罪恶的人才能够写得出来（人在罪恶面前是多么软弱）。但是他从未惩罚过罪人，这一点莉卡也感觉到了。

"对别人漠不关心……"这样评论一个孤身前往萨哈林岛，在那里彻底损害了自己的健康，并在自己的梅里霍沃庄园里与饥饿、霍乱做斗争之时进一步牺牲了健康的人是十分奇怪的。在下一封信中，莉卡又谈到了这一点，但态度有所转变。"我只想见到您——因为您对人是宽容和冷漠的,因此不会像其他人那样谴责我。"

他们终究没有见面。他本可以从奥地利途经瑞士前往尼斯,但现在他与苏沃林在一起,将他也"拽"到瑞士着实费力。

他最终向家人承认他在国外。他在 10 月 2 日从尼斯发出的信中写道:"我本希望能在巴黎见到莉卡,但事实证明,她在瑞士,我去那里不太顺路。而且我已经厌倦了坐车。"

如果莉卡看到这几句话,定会再一次说他冷漠无情。当然,真正想见面的人总是会去的。但真相也可能是,他若在当时与她相见会感到很痛苦。他已经什么都知道了。一切都结束了。

＊　＊　＊

1894 年 12 月,莉卡再次来到巴黎。契诃夫则在他的梅里霍沃。

他一直都是一位作家,这始终是排在第一位的。尽管这一年的秋天他到处旅行,尽管他有些心慌意乱,但还是写出了一部很长的中篇小说《三年》。在小说那平缓而宁静的流动中似乎映照出了某种"时代的河流"——人们的感情和命运交织在一起,并经历了神秘但悲伤的法则的考验。在小说里,拉普捷夫是一位莫斯科富商的儿子,他爱上了贵族小姐尤莉娅·谢尔盖耶夫娜,去苦苦追求她,并最后娶其为妻。她对他十分冷淡。他因为妻子也许是因为金钱而嫁给他的想法而感到痛苦。但是,随着时间的流逝,就像是云彩总是变幻出不同的形状，从一种样子变成另一种样子，轮廓渐渐变得模糊，不知为何又聚拢为新的形状，善良而乏味的人们在生活的变动中也在一直发生着变化。三年过去了。拉普捷夫对尤莉娅冷淡下来，她却开始依恋他——她现在爱上了他。而他感到，仿佛自己"跟她结婚已经有十年了似的"。

"时间会证明一切的。"

这个以编年史的形式写成的、没有外在曲折情节的小说是否有些他当时感受的回响呢？如果有的话，那也是很遥远的。他和莉卡相互之间感情的起伏转折，整体情况的改变，就像是万花筒中奇妙多变的色彩一般，仍然是有可能反映在《三年》中的。这部作品似乎并没有引起什么波澜，但却是以一个成熟的艺术家的朴实和自信写成的，这也使得这部小说进入契诃夫创作中的第一序列。

1894 年 12 月，正当他在梅里霍沃的家里阅读该小说的校样时，他收到了莉卡来自巴黎的一封非常悲伤的信。他冷淡地向身在莫斯科的玛莎通报了她的情况。（"她写道，她正在学习唱歌，学习按摩和英语。她写道，她要是能在我的沙发上坐上几分钟也好。"）

所有这些在莉卡的信中是以另一种方式说出的："我到巴黎已经两个月了，我还没有收到您的丝毫音讯。难道您也不再理睬我了吗？无聊，忧伤，郁闷。而且巴黎更有利于所有这些负面情绪的增长！潮湿，寒冷，异国他乡！没有您，我感到自己已经完全被遗忘和抛弃！我愿意用半辈子的生命来换取立刻前往梅里霍沃，坐在您的沙发上与您交谈上十分钟，共进晚餐……"

她希望这一年是不存在的，希望"一切都如同往昔"。当然，变化是巨大的。卑鄙无耻的波塔片科在她怀孕的时候抛弃了她。孩子是在哪里、何时出生的，都没有确切的消息。不管怎样，孩子终归还是死掉了。莉卡独自回到了俄罗斯。

实际上，此时一切都已结束。虽然莉卡与契诃夫及其家人的交往并没有中断，充满俏皮话的通信风格也保持了下来，但这只是在表面。如果不是文学，那么莉卡在契诃夫生活中的地位将是微不足道的。然而，整个这段故事在契诃夫的心灵和艺术创作中似乎仍在继续——诞生了《海鸥》和一系列的契诃夫戏剧：这对于契诃夫本人和俄国文学界都有着非同寻常的重要意义。

《海鸥》是一个神话，其源头在莉卡、契诃夫、梅里霍沃那里。一切都被改头换面，一切都从那里生长，血脉相连。

* * *

契诃夫的 1895 年悄然而逝。他大部分时间都待在梅里霍沃，长时间地写作，但是夏天却突然去了博洛戈耶区（雷宾斯克—博洛戈耶铁路沿线）的图尔昌宁诺娃庄园。原因是列维坦——这位自巴布金诺时代以来的老朋友。一段时间两人差点绝交，但总归还是和好了。到了 7 月，出乎意料的是，他收到了一封来自特洛伊察车站的电报：还在巴布金诺时期就深陷忧郁症折磨的列维坦现在还是如此。在图尔昌宁诺娃庄园，他企图自杀并受了伤。契诃夫呢，这个被莉卡称为"冷漠"的人，立即跑去照顾他。他在湖岸边的庄园里，在潮湿和泥泞的地方待了几天，就像青年时代那样照料列维坦。列维坦恢复了，契诃夫便离开了。在信中他对此事闭口不谈——他并不是很想散播此事，这是列维坦的隐私。

总的来说，1895年对契诃夫来说是硕果累累的文学之年。这一年他写了一篇十分精彩的《凶杀》，中等水平但非常生动和巧妙的《阿莉阿德娜》，还有《带阁楼的房子》——关于他自己遥远的一段经历的回顾。（"我曾经有过一个未婚妻……我的未婚妻的名字是：米休西。我非常爱她。这就是我要写的。"）《带阁楼的房子》令人感动，富有诗意，但契诃夫这一年的所有作品当然都被《海鸥》的光芒所掩盖了。

《凶杀》是很完美的作品。与爱情无关。另外三部作品则都被爱情所推动。

《海鸥》并没有《凶杀》那么完美，但更为重要。它是决定命运的作品。它甚至是契诃夫灵魂的一部分，也是他艺术发展的边界。在《海鸥》中既有诗性，也有命运。

他于秋天在梅里霍沃写下了这部剧本。"我正在写作……并非没有一点儿乐趣，"——了解契诃夫的我们知道，他此时已经醉心于此（但他永远不会直接说出这句话），"很少的行动和五普特[1]的爱情。"

让太阳和其他星体移动的爱[2]——这涉及了世界的、宇

---

1 沙皇俄国的主要重量单位，1普特 =16.38千克。编注。
2 原文为意大利文（L'amor che muove 'l sol e l'altre stelle），出自但丁《神曲》的名句。编注。

宙的范围，同时这也是一个微观世界，是安东·契诃夫于1895年秋天构思的微不足道的创作——该作品的情节也被爱情所推动。在错综复杂的生活情境的所有交织中最主要的便是爱情。甚至行动的地点也在"神秘的，充满着魔力的"湖边，周围庄园里的人们总是相爱，所有人都陷入了爱情的泥沼。（夏天，在照顾列维坦的时候，他自己在湖边度过了一个星期，呼吸够了湖边的空气，看够了飞来飞去的海鸥。）

剧中索林的这栋宽敞的房子里也有爱情（在契诃夫写自图尔昌宁诺娃庄园的一封信中："……我住进了一栋两层楼的房子里，是砍伐了湖岸边的一片老森林建成的"），剧中充满着行动、语言、喜悦和对于爱情的渴望。

为了让所有人物都被情欲灌满，必须要使他们受到伤害。和往常一样，在这里我们仍对契诃夫的内心知之甚少——他把一切都藏匿起来，但是多亏有了《海鸥》这部作品，我们可以认为，契诃夫内心的压力要比我们从他给莉卡所写的信中感受到的大得多。因此我们也应该认为《海鸥》是决定命运之作。这不只是给剧院写的一部剧本，不仅是作者心灵史的一部分，而且是俄罗斯文学和戏剧命运的新转折点。

人们总是满怀激动地一遍又一遍重读《海鸥》。谁喜爱契诃夫，谁就会被这些相爱的、充满激情的、深受痛苦折磨和正在沉沦的人的命运旋转所吸引。一切都围绕着莉卡刚刚发生和经历过的故事展开，并被予以升华和变形。

莉卡自己是如何感受这部戏的呢？也许她很不乐意再次看到这一切，虽然该剧在形式上已经做了很大改变，但是她应该能够感受到形象描绘的崇高基调。

剧中人物尼娜·扎列奇娜雅与莉卡的性格不同。但她毕竟是莉卡催生出的人物。她亲手将这个现实生活中担任"杜马抄写员"的莉卡带入俄罗斯文学。尼娜被特里果林抛弃，失去了一个孩子，对于她的初恋情人——不走运的作家特列普列夫来说，她是一个流浪的女演员，契诃夫让她说出了这样的句子（对特列普列夫）："要学会背负自己的十字架，并有信心。我有信心，所以我就没有那么痛苦了，而每当我一想到自己的使命，我便不再害怕生活了。"莉卡应该为这些话感到骄傲。

失败者和行将腐朽的人们在《海鸥》中被怀有同情地予以刻画——这完全是契诃夫的风格。女演员阿尔卡金娜很出色，两位作家的形象也都非常出色（这似乎是我们文学作品中的特例）：既有一位身心疲惫，意志薄弱的专业人士，收入颇丰，喜欢钓鱼，也有一位被生活折磨，未被世人认可，被拒绝的年轻人，他以一种新颖而独特的风格写作，简直令人惊奇。

《海鸥》还有一个特点——它与时代紧密相连。

90年代的俄罗斯与80年代的俄罗斯截然不同，已不再是闭塞的外省。将俄罗斯与欧洲隔离开的帷幕的某个地方已被悄然戳破，在欧洲本土的文学中恰好出现了易卜生、梅特林克、法国的象征主义者这些更具有精神属性的潮流。这也渗透到了我们这里。对于俄国文学来说这不再是简单的引进吸收，借鉴模仿，而是形成了一个新的文化时期。没有任何事情是徒劳而为的。我们这里应该出现，并且已经涌现出了不少风格独特的作家：如梅列日科夫斯基和吉皮乌斯、巴尔蒙特、布留索夫以及"俄罗斯象征主义的曙光"。

易卜生对于契诃夫来说也许并不算熟悉。易卜生的最佳剧本之一《小艾友夫》被契诃夫称为《小约珥》。他是否正确阅读了易卜生？我对此表示怀疑（在苏沃林剧院的舞台上可以看到易卜生的作品）。但不知为何梅特林克他是颇为喜欢的。他甚至建议苏沃林上演梅特林克的作品。

在《海鸥》的第一幕中，在明月当空的湖边，尼娜开始表演特列普列夫排演的戏："人们，狮子，雄鹰和鹧鸪，角鹿，鹅，鸭，蜘蛛……"（一切都消逝了，只有一轮明月悲戚地发出亮光，世界的心灵在朗诵，魔鬼适时出现。）

您立刻就会感受到某种特殊的情调。在契诃夫过去的创作中是没有这种意味的。特列普列夫也是文学中崭新的人物形象。他对现实主义和日常生活的描写不感兴趣。他的心灵并非朝这一方向倾斜。是特里果林记录下生活中听到的每个好句子和新奇意象。特列普列夫比拿着记录本记录（"像三角钢琴一样的云朵飘过"）的特里果林更接近于易卜生和梅特林克。契诃夫则是位于他们之间的中间人物。

但是剧中最核心的意象是被闲暇无事的猎人打死的海鸥，这与特列普列夫无关，而与契诃夫相关。而且这已经不是写作《伊凡诺夫》的契诃夫。即使易卜生写了《小艾友夫》这样的作品，但他也创作了《野鸭》。来自斯堪的纳维亚半岛的风吹拂着契诃夫，他从中吸取了某些东西。可以认为，这只具有象征意味的被射击的海鸥是现在看来剧中最脆弱的（它是最为过时的，就像象征主义本身一样）形象，但它仍具有美妙之处，它像成功的失败者特列普列夫一样，对整个"喜剧"都投射了一种特殊而难以忘怀的映像。《伊凡诺夫》并非新的开端。是《海鸥》开启了真正意义上的契诃夫戏剧。您可以喜爱或不喜爱这部作品，但它在俄罗斯文学史上是占有一席之地的。

当然，围绕着这部戏的一切都是以特殊的方式建立的。与莉卡的浪漫史并非徒劳无果，三个角色也没有白白经历这一切。由此诞生了《海鸥》，这在俄罗斯开启了一个新时代。这部剧本身就像是一个有机的生命体，在重生之前也需要经受戏剧性的变迁。

几乎整个 1896 年都在进行预先的准备。它被"瑞明顿式打字机重新打印"（当时这可是一件大工程），被呈送给苏沃林评判，曾有一段时间契诃夫动摇了。"我的剧本没有表演就失败了。如果真的看起来其中塑造了波塔片科的形象，那当然就不能排演和印刷了。"

但这还不算什么。该剧的上演历经了千辛万苦。首先是戏剧的审查。审查员孔德拉季耶夫不喜欢"女演员的哥哥和儿子对女演员与小说家的恋爱关系采取漠不关心的态度"。为此契诃夫在剧本的第四页删掉了"她与这位小说家公开生活在一起"，在第五页删掉了"她只能爱年轻人"。

最后，审查员没有不依不饶。剧本被送到圣彼得堡的亚历山大剧院。当时演员总彩排的日程表被保存了下来——定于 1896 年 10 月 16 日总彩排，17 日首演。

彩排进行得很糟糕。契诃夫不建议玛丽亚·帕夫洛夫娜来看演出，但她还是没忍住，和莉卡一起来到了彼得堡。她们俩住在安格列捷尔宾馆，一同前往剧院。

真想不到他们竟能想出这样的创意——把《海鸥》作

为老喜剧演员列夫克叶娃的纪念演出（前来看剧的观众都是一些想来看轻松喜剧的人），导演是叶夫季希·卡尔波夫，特列普列夫由身材敦实、打扮时髦的阿波尔隆斯基来扮演！

什么都没演出来，也不可能演出来。从最开始，从特列普列夫在湖边排演的那场戏开始，尽管有科米萨尔-热夫斯卡娅（尼娜的饰演者）的加持，场面还是溃败不堪。当观众们在严肃的地方哈哈大笑时，是非常可怕的。然后她立即生气了。在第一幕结束之后，响起了口哨声、吵嚷声和稀稀拉拉的掌声。接下来的情况也并没有好转。尽管如此，玛丽亚·帕夫洛夫娜还是一直坐到最后，与莉卡一同返回了安格列捷尔宾馆。事先约定的是，安东·帕夫洛维奇在演出结束后会到她们那里去，但他没有来。在凌晨两点钟的时候，玛丽亚·帕夫洛夫娜跑去苏沃林家的住宅。原来，契诃夫在彼得堡的大街上游荡了很久，然后回到宾馆，躺倒在床上，不想见任何人，甚至是自己的妹妹。第二天，他便乘坐客货混合列车回到了梅里霍沃。他给苏沃林写了一张便条："昨天晚上的情景我永远也不会忘记，但我仍然睡得很好，所以离开时我的情绪还算可以。"他也给玛丽亚·帕夫洛夫娜写道："昨天的事情并没有伤害到我，也没有使我过于沮丧。"

当然，这是不可信的。剧院里的失败总是让人难以忍受。这里的观众太粗鲁了，契诃夫作为一个真正的作家与他的创作结晶紧密相连，无法对此无动于衷。如此了解并深爱着哥哥的玛丽亚·帕夫洛夫娜认为这是残酷的打击。这件事也影响到了他的健康。三个月后，他开始出现肺出血。

安东·帕夫洛维奇再次来到奥斯特罗乌莫夫医生的诊所，这也是他第一次确诊肺结核，改变了一生的地方。

* * *

莉卡一直以来都渴望登上舞台。90 年代末，她再次出国——马蒙托夫的私人歌剧院将她送到那里学习，为上台表演做准备。但结果却一无所获。在话剧方面她也不甚成功——莉卡一度进入莫斯科艺术剧院的剧团，但在 1902 年她离开剧院，嫁给了萨宁——当时艺术剧院的一位导演。但是他也和剧院分道扬镳了。后来夫妻两人去了国外。

莉卡后来的生活已经与契诃夫没有任何关联了。她主要居住在国外。

1937 年的一天，我恰好去迪多街上的一家医院探望一位熟人。她躺在与普通病房隔开的一间镶有玻璃窗的房间里。在病房的另一侧，离我们不远的地方，还有另一个同样单独隔开的小房间。床上躺着一个女人。

——您知道这是谁吗？我的朋友问我。

——不知道。

——这就是契诃夫的海鸥，现在是导演萨宁的妻子。我是在这里与她结识的。她病得很重。

正是在 1937 年，莉季娅·斯塔希叶夫娜去世了。

重返梅里霍沃

　　契诃夫没有写出一部长篇小说，尽管也许他是想写的。中篇小说和长篇小说之间的界线在哪里？也许是没有的。两者的差别主要是由视角、气息的深度或是波折的长度决定的。契诃夫既没有振奋的精神，也没有长篇小说家的波澜壮阔——而且他也不需要。他出色的天赋表现在其他方面。契诃夫的杰作是如此凝练、简洁和浓稠，以至于没有写作长篇小说的必要。

　　《我的一生》是一部篇幅很长的中篇小说，当然他也有写得更长的作品，如《决斗》和《草原》。但是那些作品他是怀着极大的热情写就的，特别是《草原》。因此可以认为，它们是更天然的流露——《草原》甚至与他血脉相连。《我的一生》写得非常出色，但却不及上述那些作品富有魅力。它很扎实，水分很少。可能是因为其中包含了许多揭露性的内容。这是某种关于生活中的谎言的声音，甚至是布道（在某些方面合乎托尔斯泰的风格）。

　　作品中揭露的很多问题都是中肯的，但就像创作后期的托尔斯泰一样，到处指指点点并不能给谁带来喜悦。

　　是的，生活是粗鲁而残酷的，富人是自私的。身为建筑师的父亲是虚伪的法利赛人，工程师是个厚颜无耻的滑头，整个城市没有一个诚实的人，"只有一些女孩子尚散发着道德上的纯洁"，她们怀有崇高的志向，但就是这些女孩在结婚以后也都堕落了。"人应当干活，应当伤心，应当生病。"消瘦的、嘴唇干枯的烈吉卡愤慨地说。他是一个奇怪的油漆工，一个纯洁、正直的人，可能是一个宗派主义者（一点儿不掺假，并且没有罪过）："那些脑满肠肥的要倒霉，那些强横霸道的要倒霉，那些富足的要倒霉，那些放债的要倒霉！"他说的都对，并且这位烈吉卡以某种方式触动了人心，但是他却没有像《草原》里的赫里斯托福尔神父那样散发出光芒。

叙述者本人是建筑师的儿子，他放弃了令人憎恶的房子，去找油漆工们，成为一名工人。他在方方面面都是正确的，但也是枯燥乏味的。他值得人们尊敬。他正直地提出抗议，但是他缺少某种东西：谦卑或是爱？他像烈吉卡一样，也是个异教徒。异教徒常常过分地骄傲（为自己的正义）。

在《海鸥》的上空飘过了象征主义的思潮。在《我的一生》的上空则吹拂着托尔斯泰晚期思想的气息。大约就在此时（稍早些的时候），契诃夫与托尔斯泰相识。他给托尔斯泰留下了深刻的印象。但是他们的关系很复杂。托尔斯泰赞赏契诃夫，但有时却会激怒他。

托尔斯泰的平民化，"走向人民"的思想在《我的一生》中毫无疑问是存在的。但是在这部作品中还有着深刻的契诃夫式的严肃性，具有重要的内在意义、情境的新意、许多方面的独创性和某种严厉性。禁欲主义的严厉性对于契诃夫来说是十分罕见的。

他写得很快，提前完稿。可能这也解释了为何其中存在不少小的词语错误。他于8月初完稿，完成了校对，而在初秋时节该篇小说已经刊发在了《田地》上。《我的一生》在批评界并没有引起足够的重视——这可真是很好的评价呢！——对于契诃夫本人，对于他的文学道路来说，这篇小说都有着重要的意义。《海鸥》开启了新的戏剧，《我的一生》则决定了他在文学创作上朝着社会问题的新的内部转向。

* * *

　　昨天一个醉酒的老庄稼汉脱下衣服，在池塘里洗澡，老迈的母亲用棍子打了他，其他所有人都站在旁边大笑。洗完澡后，这个汉子赤脚走在雪地里回家，母亲跟在他身后。就是这位老妇人来找我看身上青紫色的伤——是儿子打的。

　　他就是基里亚克。他走到妻子跟前，抡起胳膊，一拳头打在她的脸上。她一声没出，被打昏过去，一下子瘫在地上，鼻子里立刻流出血来。

第一个片段摘自写于梅里霍沃的信。第二个片段取自中篇小说《农民》，也是在梅里霍沃写的，写于1897年。

那时村子里的生活不仅是黑暗的。但这已经足够了。愚昧、粗鲁已经够让人难以忍受的了。契诃夫从小就目睹了很多艰难沉重的事情。这都发生在俄罗斯南部的塔甘罗格。现在他住在莫斯科近郊，与农民同胞为邻。

《农民》这部作品他写得很慢。这是他最为尖锐的作品之一，而且非常重要。他本人也明白它的重要性。后来，在他永远地离开梅里霍沃以后，他曾说过，在写完了《农民》以后，梅里霍沃对他来说已经耗尽了。

小说的尖锐性在于将粗鲁、恐怖与光明、崇高相结合，这些感觉都与宗教相关联。更确切地说，这部作品是由宗教所催生的。这些农民贫穷、肮脏、酗酒和胡作非为，但他们无论如何也不是动物。莫斯科一家旅馆"斯拉夫集市"过去的仆役尼古拉·奇基利杰耶夫出生在这个茹科沃村，他因生病返回村庄，妻子奥莉加和女儿萨莎的眼界比茹科沃村的村民们要高一些。他们曾在莫斯科生活，见过一些世面，他们甚至在这里的肮脏的农民生活中思念着莫斯科。（奥莉加是后来的杰作《在峡谷里》的瓦尔瓦拉的第一个版本——她也有着普通俄罗斯妇女的谦恭与端庄：这一点契诃夫从自己的母亲和姑妈费多西娅·雅科夫列夫娜那里都得以发现。）

《农民》本身也是如此。契诃夫在小说里这样写道：

相信的人少，理解的人也少。同时大家又都喜欢《圣经》，温柔而敬仰地喜爱它。可是他们都没有书，也没有人念《圣经》，讲《圣经》。奥莉加有时候对他们念《福音书》，他们就尊敬她，对她恭恭敬敬地称呼"您"。

毕竟，在耶稣受难日，即使是之前对《圣经》一无所知的村妇们，也会坐在炉火旁津津有味地聆听神学院大学生讲《圣经》故事。

　　彩绘的圣像画被抬到了村庄。姑娘们大清早就穿上鲜艳华丽的衣服，出去迎接圣像，将近傍晚才把它抬进村子来，她们排成严肃的行列，举着十字架，唱着歌，同时河对面的教堂里也钟声齐鸣。

　　一大群本村和外村的人堵住街道，吵吵嚷嚷，尘土飞扬，挤成一团……老头子也好，老奶奶也好，基里亚克也好，大家都对圣像伸出手去，热切地瞧着它，哭哭啼啼地叫道：

　　——保护神啊，母亲！保护神啊！

　　大家好像忽然明白人间和天堂并不是两相隔开的，明白有钱有势的人还没有把一切都夺去，明白他们在遭受欺侮，遭受奴役，遭受沉重而难堪的贫穷，遭受可怕的伏特加的祸害的时候，还有神在保佑着他们。

哭泣并伸手抚摸圣像画的人就是那个殴打自己唯命是从的妻子的基里亚克，他在醉酒的时候将再次殴打她，他本人也将在乡政府受到鞭打，他在清醒的状态下也会受到良心的折磨。

《农民》是尼古拉·奇基利杰耶夫去世前，他们一家在家乡发生的一系列场面的串联。在社会意图方面，该篇小说与《我的一生》有所关联，但《农民》更富有成效，更加鲜明和直接。最后几页的某些内容（关于农民的论断）有些消沉，但最终的结尾却提升了这一切。在挨过了艰难的忍饥挨饿的冬季，在尼古拉死去以后，奥莉加和萨莎身无分文，一路步行离开了茹科沃村，前往莫斯科。春天，阳光明媚，百灵鸟在田野里啭鸣。"中午，奥莉加和萨莎走进一个大村子。"奥莉加选择了一个看起来似乎更好的小木屋，然后站在敞开的窗户前。"她鞠一躬，提高嗓门，用尖细的、唱歌样的声调说：'——东正教的教徒啊，看在基督的分上多多周济周济吧，好让上帝保佑您，让您的爹娘在天国得到永久的安息。'"

　　萨莎也以同样的，千百年来的乞讨声调附和着她。结果给人的感觉就是，这些妇女谦卑的声音不仅代表着她们自己，而且也是在为整个贫瘠的乡村和俄罗斯发出哀求。

＊　＊　＊

　　这部小说立即再版了多次，引起了不同的意见，以其不符合民粹主义模式的原创性引起了热烈的讨论。但是请想一想：一部充满着对人民的同情心，甚至隐含着眼泪（被暗藏在某个遥远的地方）的作品，一部某些地方的调子高亢而勇敢，写在冒险边界上的作品——突然导致了某些"作家"在选举该小说的作者进入作家协会时投了反对票。

　　提名契诃夫进入作家协会的科罗连科说，这是一个空洞的形式。

但是科罗连科这位民粹派，一位理性而友善的、对契诃夫赞赏有加的人也在此处失算了。

契诃夫还是当选了——想让他落选的票数还是不够的！

在他一生的命运中，《农民》的意义也十分重大。

写完这篇小说后，他照常去了莫斯科。此时苏沃林正在那里，拉夫罗夫和戈利采夫也住在那里，这意味着莫斯科大饭店、艾尔米塔什花园、斯拉夫集市……

来自圣彼得堡的年轻女作家莉季娅·阿列克谢耶夫娜·阿维洛娃当时也应该在莫斯科，那时他们两人之间有些复杂的感情纠葛。

他们约定好，她将于3月23日晚上去莫斯科大饭店探望他。她按时赴约。但令她非常伤心的是，她并没有在住处见到他。这几乎是侮辱性的：他自己约定的时间，而本人却不在。

但是契诃夫不应受到指责。那天晚上六点，他和苏沃林一家一同去艾尔米塔什饭店吃饭。他们刚刚在桌旁落座，他的喉咙里便喷涌出鲜血。

晚餐和与阿维洛娃会面的计划一样都被打断了。苏沃林带他一起去了斯拉夫集市，契诃夫在那里过了一夜，显然身体状况很不好。然后他又回到莫斯科大饭店，但歇息的时间不长：医生命令他立即住院治疗。因此，在3月底，他已经躺在了位于处女地大街上的奥斯特罗乌莫夫医生的私人诊所里。我们可以清楚地想象出，在干净洁白的病房里，一个消瘦下来的、安静的契诃夫的样子，此时他镇定而沉闷，但无论怎样都不会去抱怨什么。也许只是比平时有着更多的忧伤。病床旁的小桌子上放着人们送来的信件和鲜花。莫斯科有多少来自弗列伊和阿布里科索夫糖果点心店的各式各样的美味点心、甜品、蛋糕和糖果呀！而他需要加强营养。女人们的同情心是永远不会干涸的。

尽管禁止探望，但阿维洛娃还是在第一天就来了——她带来了一大捧盛开的花束。当然，玛丽亚·帕夫洛夫娜也赶了过来。

3月28日，在奥斯特罗乌莫夫医生的诊所还发生了一件事：列夫·托尔斯泰来此看望了契诃夫。这次探望也许鼓舞了契诃夫的精神，但在医学上来说是不成功的。托尔斯泰什么都没有顾及。他很乐于谈及灵魂的永生，尽情地、长时间地与重病患者交谈。他相信永生存在于最高的理智和善良中，人与人的灵魂在死后会融合在一起。契诃夫并不赞同这种灵魂不灭的说法，他谈了一些自己的观点，但主要是他已经很累了，开始心绪焦灼起来。托尔斯泰走了。在凌晨四点，契诃夫开始出现严重的咽喉出血。

这一年的春天来得很早。下着淅淅沥沥的小雨。复活节快到了，莫斯科响起此起彼伏的钟声。阿维洛娃感觉街上的空气似乎都是"令人陶醉的"，春雨过后仿佛路面上的石头也变得芬芳四溢起来。也许，她感觉周围的一切都是美好的，正是因为她爱着契诃夫，而他现在正陷入困境，她的这颗女人心与所爱的人贴得更近，也更加敏锐。在《俄罗斯思想》的编辑部里，她听说他的情况很糟糕。他们甚至为他担心起来。因此，在再次进入诊所之前，她站在扎莫斯克沃列奇桥上，注视着下面漂着浮冰的河水，他病情恶化的各种画面在她的脑海中旋转。她回想起来，最近一段时间在他所写信件的火漆印章上总是印着一句话："孤身者如处荒漠。"

但是他尚未被命令离开这个世界。莫斯科的名医们是这样诊断的：肺尖浸润。情况是严重的，但是他还可以继续活下去，只是需要合理饮食，不能劳累，并在冬天去气候温暖的地方居住。

他在莫斯科度过了 4 月的上旬。他正在逐渐康复，但工作是被禁止的，他"通过玛莎"在梅里霍沃宣布，将要停止一切与行医有关的工作。"这对我来说既是一种解脱，也是重大的损失。我要丢掉县里的一切职务，买一件睡袍，多晒太阳，多吃东西。"

即使心情沮丧，他还是忍不住开玩笑。除了肺部，他身体的其他部位都一切正常。"在此之前我一直认为，我的酒量是恰到好处的。但实际上现在看来，我的酒量比我有权喝的酒还要少。太遗憾了！"

在诊所的最后几天，他已经每天早上外出，前往新圣女修道院，去普列谢耶夫的墓前转悠。（总的来说，他喜欢在公墓里散步——这无论如何也不像是个医生的爱好。）

"还有一次，我望着教堂，靠在墙上，倾听修女们唱歌。而我的内心有一种如此奇怪而宁静的感觉！"

4 月 11 日，在复活节前的一周，他已经回到了梅里霍沃。恰好就在这个月，刊载小说《农民》的《俄罗斯思想》杂志出版了。这部小说对于梅里霍沃而言是最终的告别，而对于契诃夫的生活——无论是就内部还是外部而言都是一个转折点。从那时起，他的病情越来越严重，而写作也更为精细。

契诃夫青年时代的一位朋友"让"谢格洛夫于4月底来到梅里霍沃拜访了"安图万"——这位故友对契诃夫的改变感到十分震惊。

这个谢格洛夫是个小作家，但秉性善良，非常喜爱契诃夫，并对其有着正确的理解。在他看来，"安图万"开始发生变化是从1889年哥哥尼古拉去世开始的，然后是90年代去萨哈林岛的旅行，再到现在这场病——这一切都加强了他身上那种"忧郁的宗教气质"的基调，使他最优秀的特征更为尖锐，也让他的写作更加崇高。谢格洛夫还提起了果戈理对疾病的意义的看法——值得注意的是，契诃夫不认为自己是具有宗教信仰的，但他却毫无怨言、恭顺、勇敢地背负着疾病的十字架，这使其充满崇高精神，富有神性。谢格洛夫正确地指出，他在写作上也开始变得更为出色。

这一年的夏天他在梅里霍沃平静地度过。5月底，他认为自己已经康复了——"当熟人看到我时，不再会盯着我的脸，妇人们看到我在村子里散步时也不再哀叹，我几乎不怎么咳嗽了……"他在7月又写道："我吃胖了，已经康复，甚至可以认为是完全健康的，而且我不再享有病人的便利之处，也就是说，当我不想交谈时我不再有权起身离开，而且人们也不再禁止我多说话了。"

来访者太多的问题将一直困扰着他直到坟墓。还在住院期间他便有了一个计划：结婚。结婚正是为了解决这个问题。"也许，凶巴巴的妻子会让我的访客数量至少减少一半。"但是这个设想未能付诸行动。对那些以自己所写的剧本折磨他的女士的攻击也没能实现。

秋天快到了，需要离开梅里霍沃，这次他去了国外。

1897年的秋天对于契诃夫来说首先是比亚里茨[1]，然后是尼斯古努德大街9号的膳宿公寓。他在这里住了很久，整个1897年到1898年的冬天都是在这里度过的。他与相处最为愉快的友人——马克西姆·科瓦列夫斯基会面，在其位于滨海博略[2]的别墅里吃午餐。有时顺便去聂米罗维奇·丹钦科（弗拉基米尔）和尤仁那里待一会儿。在写作上也风平浪静，只有一些琐事。契诃夫竭力对作品进行加工润色。他对《俄罗斯邮报》上刊载的小说《在故乡》的校对员提出要求："……我对小说进行了修改，可以说是从音乐性的角度进行的。"——他的句子节奏总是独特的，这是他艺术创作的重要组成部分。他还责备阿维洛娃写信时的粗心大意："您不注重语句的精雕细琢；这是必须要下功夫的地方——作品的艺术性正是来源于此。"

总的来说，他在国外并不开心。的确，对于一个虽然身处南方的温暖气候，享受着美味的食物、安静的生活，却每隔三周都要咯血的人来说，会有什么愉快的感受呢？

俄国人在膳宿公寓并不太受欢迎。现在他每天写信，看报纸。德雷福斯案[3]令他担心，也让他很感兴趣。

他对欧洲的态度像个"年轻人"，甚至有些天真（"每条狗都散发着文明的气息"）。他在信中还教妹妹玛莎法

1　位于比利牛斯山和粗犷的海岸之间的比亚里茨（Biarritz）是法国大西洋沿岸的度假胜地。
2　滨海博略（Beaulieu-sur-Mer）是法国南部滨海阿尔卑斯省的一个市镇，面向地中海，是一个很受欢迎的旅游景点。
3　德雷福斯事件：1894年法国陆军参谋部犹太籍的上尉军官德雷福斯被诬陷犯有叛国罪，被革职并处终身流放，法国右翼势力乘机掀起反犹浪潮。

语（"Même"的意思是"甚至"，"de même"的意思是"也是"；"见面的时候你要说'Je suis charmé de vous voir bien portant'，意思是'很高兴见到您身体健康'"）。

这个具有"年轻人"特征的人后来给她写信说道，尽管他今年三十八岁，但感觉自己就像已经活了八十九岁。

已经八十九岁了，但他现在还饶有兴趣地为自己买了一顶大礼帽，而且还想着以礼物来取悦梅里霍沃的亲人们——他总是从国外给大家带回不同的东西，他非常认真并怀有深深爱意地挑选礼物。（"我给爸爸买了一顶草帽，没有缎带。"给玛丽亚·帕夫洛夫娜买了围巾。）

总的来说，这个在国外度过的冬天对他的健康状况无济于事。他的病情并没有恶化，但也没有好转。"我的体重没有增加，并且看来永远也不会增加了。"

他在春天回来，在梅里霍沃度过了夏天。安然平静、井然有序的生活还在继续着。玛丽亚·帕夫洛夫娜负责料理家务，管理庄园。叶甫盖尼娅·雅科夫列夫娜热情地款待宾客，并以温柔的态度吸引着他们。帕维尔·叶戈洛维奇还在记着家庭日志。"花斑母牛下崽了。""今天我们吃了美味的午餐。我们聊了很多。安托沙喜欢罗斯比夫。""安托沙从法国回来了。带回了很多礼物。"

似乎生活会永远这样持续下去。

秋天，安托沙前往雅尔塔，再次不得不在南方度过冬天。他安顿下来，平静地度日。也许他们谁都没有想到，帕维尔·叶戈洛维奇夏天的日记"我要途经雅罗斯拉夫尔前往莫斯科……"将是他的最后一篇家庭日志。

但事情就这样发生了。1898年10月14日，安东·帕夫洛维奇从雅尔塔给梅里霍沃发去了一封电报：

> 愿天国的父亲永远安息！我深感遗憾，请写信告知详情。我身体健康，请勿挂念！照顾好母亲。——安东

10月12日，玛丽亚·帕夫洛夫娜在帕维尔·叶戈洛维奇的《圣经·创世记》上写下："此月，帕维尔·格奥尔吉耶维奇·契诃夫[1]于凌晨一点在莫斯科去世。"

他在世时经常因为"安托沙"建议他少吃一点东西而生气。也许是叶甫盖尼娅·雅科夫列夫娜为他烤了一张特别好吃的烤饼，或者是那只鹅太美味了，或者是别的什么，他突然间出现了绞窄性肠梗阻。"安托沙"又不在身边。他们大晚上的急急忙忙把他用马车送到了车站，在俄罗斯的秋天穿过泥泞而颠簸的道路，在莫斯科给他做了手术，但为时已晚。帕维尔·叶戈洛维奇非常痛苦。当然，如果安东·帕夫洛维奇当时在梅里霍沃的话，那么他也不至于肠坏死这么严重。但是契诃夫恰好不在，而身在雅尔塔的他也为父亲的离世深感悲痛。

与父亲之间那漫长而沉重的故事结束了。在这些年他不得不忍耐很多。尽管他总是对他表现得十分恭敬，但并没有爱，甚至一直无法原谅他所做的一切。

现在死亡来了。"人心叵测"——这是契诃夫所说的话。原谅还是不原谅？他对此什么也没说过。但总之，可以认

---

[1] 契诃夫父亲的名字有帕维尔·叶戈洛维奇·契诃夫、帕维尔·格奥尔吉耶维奇·契诃夫两种写法，区别在于父称不同。后者是正式的全名。

为，死亡似乎立即带走了一切：往昔的痛苦都在震惊中被一并带走了。

　　……真是令人悲痛的消息，完全出乎意料，让我深感难过和震惊。我可怜父亲，可怜你们大家。母亲怎么样了？

　　在我看来，父亲在梅里霍沃逝世后，原来的那种生活已然消失不在，仿佛与他的家庭日志一起戛然而止的还有梅里霍沃的生活。

　　一个心怀愤恨的人是不会这么写的。但"生活的流动"已经结束。几天后，他已经写信给苏沃林说，他们可能打算出售梅里霍沃的庄园。

　　这是合乎情理的。既然安东·帕夫洛维奇无法在北方居住，最简单的方法就是他与母亲搬到克里米亚定居。

＊　＊　＊

　　1899 年 6 月 29 日下午两点，契诃夫写信给玛丽亚·帕夫洛夫娜："现在有一位年轻的扎伊采夫先生……""他非常喜欢梅里霍沃。显然，梅里霍沃是一个非常好的庄园，很遗憾我们没有要上四万甚至五万的价格。"

　　是的，是我受父亲的委托，按照报纸上的售房公告去了梅里霍沃（我之所以选择契诃夫的房产，是因为我对他深为敬仰并很想见见他）——那时我的父亲在莫斯科附近购买了一块地产。我在梅里霍沃没有见到契诃夫，对于梅里霍沃这个庄园本身我并不以为然，但是这里所存留着的与契诃夫有关的一切，从玛丽亚·帕夫洛夫娜开始，经过叶甫盖尼娅·雅科夫列夫娜和她们的朋友霍佳因采娃，一个头顶上盘着发髻的活泼开朗的女画家——都让我非常喜欢。在那儿的时候我感觉，我们不太可能买下这座地处偏僻、没有任何吸引力的灰秃秃的房产。但是在窗帘随风飘扬的露台上愉快地用过早餐后，我还是（出于礼貌，抑或出于窘迫？）和一些长者一起去看了房。我看到了契诃夫的厢房，似乎屋子里面有个高台，他喜欢从那里看星星。角落里有一条幽暗的林荫道通向花园——看起来也不错。它使我想起了《海鸥》第一幕的风景。

附近就是梅里霍沃村。我们也去了那里。这个村庄里的学校是契诃夫投资修建的。他还修缮了教堂，给农民们看病。我的向导并不是特别健谈，但他还是讲了不少契诃夫的故事，而且他说话的语气中无不透露着对契诃夫的崇敬……是的，现在我更想与他见面了。在临行前，我向玛丽亚·帕夫洛夫娜要了他在莫斯科的住址。如果她但凡有一点儿观察力的话，当然就会注意到这是一个仰慕者，而并非买家。

这个仰慕者真的按响了位于小德米特洛夫卡街上住宅的门铃。在天气炎热、阳光灿烂的圣彼得节的那一天，一个戴着夹鼻眼镜，身材消瘦，头发有些散乱，眼神充满智慧又令人愉悦的人为他打开了门。他穿着棕色外套，外套的衣领竖立着，好像他感觉很冷，把自己裹起来了，而当时却是炎热的时节。他用低沉的声音说：

——请进，请进……

的确，我立即便喜欢上了他。到底是什么让我如此倾心呢？难道这是可以解释的吗？眼神、脸的轮廓、微笑，甚至是他所有的一切都让我喜欢。我不记得我对他说了些什么关于梅里霍沃的话，但是他将我颇显羞怯的激动兴奋理解为，梅里霍沃是如此特别，不应该像玛丽亚·帕夫洛夫娜所做的那样要价一万五到两万卢布，而应该要价四万到五万。

不，这不是对于梅里霍沃的爱，而是对于他本人的爱。我的罪过是我白白浪费了他的时间。但是爱指引着我——也许，这就是可以为我自己辩解的理由。在使徒彼得和保罗日的那一天，爱将我带到了他的身边，当时，应他的要求，玛丽亚·帕夫洛夫娜和母亲为已故的上帝的奴仆帕维尔（在他的命名日）做了安灵弥撒，现在他们所有人都已经离开了梅里霍沃。

玛丽亚·帕夫洛夫娜收集了契诃夫所有的信件，甚至是一些不重要的。但是对一些人来说是不重要的，对有些人来说却是重要的。在 6 月 29 日的一封信中包含着以下的句子：

我今天去了新圣女修道院。父亲的坟墓上
覆盖着杂草，十字架上的圣像已经剥落了。

这意味着我去拜访他的那天早上，他刚刚从新圣女修道院回来。

他以前也喜欢那里，现在又把父亲的坟墓安放在了那里。他是否能够想到，他自己本人在不久以后也要安眠在新圣女修道院？这我是不知道的。就像那时我还不知道我与契诃夫第一次见面的日子会被记录在文学史上。对于我来说那一天是重要的——只因为那是我与契诃夫的第一次见面。

玛丽亚·帕夫洛夫娜在那一年的夏天卖掉了梅里霍沃的庄园。但不是卖给我们。

艺术剧院

这一切都是从一粒小种子开始，却结出了丰硕的果实。一群业余爱好者凭借一己之力在沃兹德维任卡街上的狩猎俱乐部里上演戏剧，像我这个年龄的每个莫斯科人对这个地方都是很熟悉的——宽敞的红棕色别墅坐落在一个四周围着栅栏的辽阔的庭院深处。这是属于舍列梅季耶夫家族的庄园。在 90 年代，它被出租用于举办舞会、话剧和化装舞会等演出和娱乐活动。

业余演员康斯坦丁·谢尔盖耶维奇·阿列克谢耶夫[1]，这位来自莫斯科河对岸的热衷于艺术的年轻人，以及剧作家兼导演弗拉基米尔·伊凡诺维奇·聂米罗维奇－丹钦科——这两人便是艺术剧院的创建者。这座剧院的建立是被爱好、赤诚之心和才华所推动的。一开始是战战兢兢的，几近失败，然后渐渐变得强大，吸收了更多的参与者，对成功的信心也在不断增强。而后他们产生了一些设想，便选定了这个剧场。不知从什么时候起这个剧场开始变得拥挤起来，有必要开设自己的剧院了。

从 1897 年春季，他们开始招募投资新剧院的股东。事

---

1 斯坦尼斯拉夫斯基的原姓为阿列克谢耶夫。

情进展得很慢，但是在 1898 年夏天，他们已经开始为冬天的演出季进行排练了。

契诃夫认识阿列克谢耶夫 – 斯坦尼斯拉夫斯基和聂米罗维奇。显然，他相信他们的剧院，立即投入了自己的股份。但这还不够。以新的手法表现舞台生活性的新剧院还需要一位具有革新性的当代作家。

聂米罗维奇以前就知道《海鸥》，他很欣赏这部戏并想要让它在自己的剧院里上演。聂米罗维奇是一个性格坚毅的人，满腔热情并耐力十足。他总是显得理智而清醒，精力充沛且敢作敢为。

尽管《海鸥》在彼得堡的上演失败了，尽管他并不是唯一欣赏这部戏的人，但只有以他这般非凡的意志、坚持不懈的努力和强大的力量才能获得这部剧本并将其搬上舞台。

有两个障碍：契诃夫的不愿意和斯坦尼斯拉夫斯基的不理解。

在契诃夫面前甚至不能提起《海鸥》——那是他的伤口。但是聂米罗维奇在 1898 年春天不仅提起了这部剧，而且强烈要求在新剧院的第一个演出季上演《海鸥》（以《沙皇费多尔·伊凡诺维奇》[1]为开场戏）。契诃夫拒绝了，他不希望在戏剧领域再掀起什么波折。5 月 12 日，聂米罗维奇再一次写信给他："如果你不同意将剧本交给我，那就一刀杀了我吧，因为《海鸥》是唯一一部吸引我去排演的当代剧本，而你是唯一一位让打算排演一部示范剧目的剧院

1　《沙皇费多尔·伊凡诺维奇》（1868）是俄国作家阿·康·托尔斯泰（1817—1875）创作的一部悲剧。

非常感兴趣的当代作家。"

这一次契诃夫以另一种语气答复了他，好像是半开玩笑似的邀请他到梅里霍沃来，他准备为其奉上"自己所有的剧本"。他并没有直接提到《海鸥》，但聂米罗维奇明白，可以上演它了。

也就是说，还剩下一个斯坦尼斯拉夫斯基。最后的结果也非常棒。斯坦尼斯拉夫斯基自己说："令我羞愧的是，我不理解这部剧。"这不足为奇，总体上来说他对文学领域知之甚少，尤其是高级文学的范畴里。但他还是设计了这部令人费解（也就意味着不受欢迎）的戏剧的场面调度。夏天，他前往哈尔科夫省，并从那里将这些场面设计图送往莫斯科，在莫斯科他们已经开始进行排练。8月，《海鸥》进入艺术剧院的上演剧目中，而斯坦尼斯拉夫斯基的工作——勉强为之的随意之作——却被证明是最好的。

《海鸥》就这样开始了自己的第二次生命，从耻辱中重生，它的命运再次与契诃夫本人的命运和生活相关联。9月9日，契诃夫从梅里霍沃来到莫斯科。车夫将马车停在了狩猎俱乐部的大门门口，此时，在《海鸥》中扮演索林的卢日斯基正好刚刚走下马车。他们当时还未曾相识。卢日斯基凭借以往的照片认出了他。除斯坦尼斯拉夫斯基以外，契诃夫根本不认识剧团中的任何人。那天晚上，聂米罗维奇将他介绍给了罗克桑诺娃、克尼碧尔、莉琳娜、卢日斯基、季霍米罗夫等人认识（阿尔焦姆是后来才进入剧组的）。

在所有这些人当中，他一见倾心，而且将永远铭记于心的，是奥莉加·列昂纳尔多夫娜·克尼碧尔——一位年轻的女演员，才刚刚起步，但很有才华，并富有极大的女性魅力。她没有扮演《海鸥》中的尼娜，但是将阿尔卡金娜这个角色表演得非常出色，但这不是重点。

契诃夫在莫斯科停留至14日。傍晚，他乘坐特别快车经过安德罗尼科夫修道院和古容工厂前往南方的克里米亚，再经过察里津诺庄园和叶卡捷琳娜宫，穿过莫斯科布托沃区的白桦林和梅里霍沃庄园所在的洛帕斯尼亚镇，前往雅尔塔，当时他还不知道，他再也见不到父亲了，雅尔塔将成为他今后的安身之处，而年轻的女演员克尼碧尔将成为他最后的归宿。

这几天里，他在莫斯科还观看了《沙皇费多尔》的彩排。这部剧排练的进展要比《海鸥》快得多。契诃夫非常喜欢。"在离开之前，我去看了《沙皇费多尔》的彩排；虽然演员们并没有什么出众的才华，但舞台上散发着真正的艺术的气息。伊琳娜在我看来棒极了。美妙的声音，高雅的举止，真挚的感情——如此之好，甚至让我感到喉咙发痒。费多尔的扮演者让我感觉很乏味。戈都诺夫和舒伊斯基都很好。但是伊琳娜是最好的。如果我继续留在莫斯科，我准会爱上这个伊琳娜的。"

沙皇费多尔是由莫斯克温扮演的。如果说莫斯科艺术剧院最优秀的男演员"还不够好"，那么只能说契诃夫是被伊琳娜迷倒了。事情就这样发生了。

《沙皇费多尔》的首演与帕维尔·叶戈洛维奇在梅里霍沃的去世几乎在同一时间。聂米罗维奇和演员们对契诃夫表示了慰问。契诃夫在回信中表示感谢，并谈到了他们的第一个成功："我非常非常高兴，你简直无法想象我喜悦的心情。"他在雅尔塔已经读过报纸上的评论。他只对一件事并不完全满意："他们为什么没有提到克尼碧尔扮演的伊琳娜？难道演出时发生了什么意外吗？我不喜欢你们的那个费多尔，但伊琳娜简直是无与伦比的；现在大家谈论更多的却是费多尔，而不是伊琳娜。"

《沙皇费多尔》十分成功，演出票一售而空。但剧院只有这一部戏。其他剧目都未能保留在上演表中。《翰奈尔升天》[1]没能通过审查。剧院的情况简直摇摇欲坠。储备只剩下一部《海鸥》了，所有人都对其寄予厚望。如果这部戏的演出失败的话，那么剧院几乎就要关门了。

可想而知，首场演出每个人都非常紧张。玛丽亚·帕夫洛夫娜还记得在亚历山大剧院度过的那一晚，因此将门票转交给了哥哥伊凡。但她还是没忍住，并在第一幕上演的时候来到了哥哥所在的包厢。

斯坦尼斯拉夫斯基非常紧张，当他背对着观众坐在舞台上听尼娜的独白时，他不得不用手支撑着腿，以免自己抖得太厉害。所有的演员身上都散发出镇静药缬草滴剂的气味。

来看演出的观众不多。但是他们专心地看着第一幕，包厢里的玛丽亚·帕夫洛夫娜感觉剧场里俨然是另一种氛围，跟在彼得堡的那次完全不同。而她自己也非常喜欢台上的演出。

当第一幕结束后，剧场里一片静默。幕后的演员们开始恐慌起来，鸦雀无声，让人难以忍受的沉默要是再持续一会儿，演员们都会陷入歇斯底里。但就在这时沉默被打

1　《翰奈尔升天》（1894）是德国剧作家盖哈特·霍普特曼的剧作。

破了：观众一开始由于紧张和强烈的印象而沉默着，而后他们自己几乎也陷入了疯狂。

评论家埃夫罗斯跳到了椅子上，"大喊，高兴得发狂，哭泣，要求给契诃夫发电报"。

在《海鸥》中，多尔恩有这样一句话："每个人都多么紧张！每个人都多么紧张！"——这句话不仅适用于剧情，也适用于当时的那些知识分子。在契诃夫的剧中，姑娘们经常哭泣。不只是一些女孩子在哭泣和"感同身受"，俄国整个开明的中间（知识分子）阶层都相当温和，容易激动，十分敏感。现在这已经是历史，是记忆了，但当时确实如此。《海鸥》由年轻的演员们出演，观众也是同一类人，他们彼此了解。我还记得那时的自己和曾经的青年时代。我们都在第一个演出季去看了《海鸥》，对我们来说，这真是一件大事。不只是去了一趟剧院而已：在看过这场戏之后，几乎所有人一直到早上都紧张不安，大发议论，感慨万千。

而且，演员们自己也已经失去了理智，其中最疯狂的正是斯坦尼斯拉夫斯基。他们奔向对方，相互拥抱，高兴得流下热泪。在演出结束后的返场，走上舞台致谢的演员们都是一副神情扭曲的面孔——看上去十分可怕。他们侧面对着观众，在落幕之后则兴奋得跳起来，斯坦尼斯拉夫斯基又是第一个发狂的。

《海鸥》取得了辉煌的成功。观众们呼唤作者上台，但他此时正身处寒风呼啸、波涛拍岸的海滨城市雅尔塔。观众给他发去电报。然后其他一些电报和信件也纷至沓来。忠实的玛丽亚·帕夫洛夫娜、聂米罗维奇本人、维什涅夫斯基、塔甘罗格中学时代的老同学，以及教母谢普金娜-库佩尔尼克，大家都欢呼雀跃，发来贺信。"哦，如果您能感觉到并理解我不能亲临《海鸥》上演的现场，无法见到你们所有人是多么的痛苦！莫斯科发来的电报使我的生活脱离了正轨。"（给维什涅夫斯基）"您的信是第一个送到的，可以这么说，您是第一只给我送来关于《海鸥》的消息的燕子，我亲爱的，令人难以忘怀的教母。"（给谢普金娜-库佩尔尼克的信）

起初，表演出了一些状况：克尼碧尔病倒了，没有人可以替代她，但是后来一切都步入正轨，取得了巨大的成功。

这座有着"艺术—大众"这样不通顺的名字的剧院位于卡列特大街上莫什宁的房子里。

剧院大楼前有一个不大的广场（"艾尔米塔什花园"）。一到晚上，大学生们和高等女校的学生们都来排队买《海鸥》的门票。他们拿来折叠椅、毛毯，把自己裹起来，在灯笼下看书。有时为了暖和一下他们便在广场上跳起舞来。他们一直在那里等待天亮后窗口售票。这一切都发生在俄罗斯。

*　*　*

很早以前，早在 1889 年的秋天，契诃夫匆匆写了一部剧本《林妖》。很难说他在创作这部剧本时遵循了他的"人生导师"格里戈罗维奇的建议——此人坚持最严肃的写作。那时的契诃夫还很年轻，相当地自信，有些被最初的成功蒙蔽了。他的文学道路才刚刚开始，过去的写作习惯也掌控了他。

结果颇有教益。《伊凡诺夫》是一年前写的，也很仓促，但是与《林妖》相比则是完美的。一年过去了，在这一年中，契诃夫作为一名剧作家不仅没有前进，反而退步了。《林妖》是杂乱无章的，是低级戏剧与小说和轻松喜剧的混杂体。读完它，您会在某些地方回想起曾经的那个契洪特，尽管那时契诃夫已经写出了《草原》和《没意思的故事》。但实际上，在《林妖》中您很难看到契诃夫的印记。

作者收到了一千卢布的报酬，该剧在莫斯科的阿布拉莫娃和索洛夫措夫那里被搬上了舞台。它没有像后来在圣彼得堡上演的《海鸥》那样遭遇惨败，但也只是一场十分平常的演出。他给连斯基写道，《林妖》于10月31日在亚历山大剧院上演。但是在这里他表现出了与其不相符的不自量力。这部剧被文学界拒之门外。文学和戏剧委员会的主席是那位对他进入文学界表示热烈欢迎的格里戈罗维奇，也正是他认为《林妖》不合格。契诃夫非常生气，说他"表里不一"，他们的关系恶化了。但是格里戈罗维奇是对的。契诃夫本人也很快意识到这部剧本很弱，并放弃了想要出版它的计划。后来则简直是对它感到恐惧。

尽管如此，这部作品中的某些地方还是触动了他。所播下的种子需要破土而出。

发生了一件奇怪的，甚至是令人惊讶的事情：从《林妖》发展出一部新的剧作《万尼亚舅舅》。但是这些年来——从1889年到1896年，一个契诃夫成长为另一个契诃夫，而且已经掩盖了原来的那个他。哥哥的去世，萨哈林岛之行，莉卡的出现，《海鸥》的失败，病情的加重，均对他产生了潜移默化的影响。

他又回到《林妖》这部作品，但是秘密地进行着。他在任何信中都没有提到过《万尼亚舅舅》，通常他甚至是一点小事儿也会在信里说道一番。他似乎在隐藏着什么。为什么呢？我们无从知晓。过了许多年，当《万尼亚舅舅》已经名声在外的时候，他甚至告诉了佳吉列夫一个不准确的日期：他说自己大概是在1890年写的这部戏。

也许在1890年他曾做了一些尝试，但是直到1896年底才真正完稿。（他在1896年12月2日给苏沃林的信中写道"……世界上的任何人都不知道《万尼亚舅舅》"。（此处有编者按："契诃夫刚刚完成了对旧作《林妖》的重写，取名为《万尼亚舅舅》。"——我不清楚编辑是如何得知此事的，但我认为他是对的。契诃夫在写给高尔基的信中和对佳吉列夫所说的一样，都提到《万尼亚舅舅》是"很久以前"写的。也许，他指的是《万尼亚舅舅》奇怪的前辈《林妖》？）

如果我们将《万尼亚舅舅》称为"改编之作"，那是不合理的。契诃夫本人也不喜欢将其称作改写的剧本，他是对的：《万尼亚舅舅》中有某种新的东西降生于世，虽然有两到三个场景与《林妖》很接近。总的来说，这部由已经成熟的作家所写的剧本散发着另一种气息。

《万尼亚舅舅》中的两条线索将该剧与契诃夫的过去和他的未来联系起来。阿斯特罗夫医生对森林被毁坏感到惋惜，就像在很早以前所写的那篇《芦笛》中可怜的牧羊人卢卡一样悲伤。在种植自己的苗圃的同时，阿斯特罗夫早在《三姐妹》和《樱桃园》的前夕，便梦想着未来："一百年、两百年之后"，他甚至在思考"一千年以后"的人们是否会幸福。

在剧中还有一些懒散、苦闷、善良、软弱的人（叶莲娜·安德列耶夫娜）的主题——这也是未来的"到莫斯科去，到莫斯科去！"呐喊的第一声呼唤。

外表普通而恭顺的人们真正地美化着生活。（多年来契诃夫一直在朝着这个方向前进。）剧中有三个人，像是一伙的：索尼娅、捷列金（瓦夫利亚）和老保姆。这个脸上长着麻子，妻子早已离他而去的捷列金向老保姆抱怨道，别人都称他为"靠别人吃饭的人"："真叫我伤心啊。"老保姆对他说："你干吗理会那个呢，我的老爷！咱们所有人都是靠上帝吃饭的啊。"

阿斯特罗夫思考的是那些将在"我们"之后生活的人，而那些人，"也就是我们拼着命给他们开拓出一条路来的人们，难道他们会记得我们，会给我们说一句半句的好话吗？老妈妈，他们才不会呢！"

老保姆回答他："人不记得，上帝会记得的。"

这位老保姆着实出色。她有着赫里斯托福尔神父所具有的那种朴实和光明。她安慰所有人，让所有人感到温暖，就像叶甫盖尼娅·雅科夫列夫娜·契诃娃和她的妹妹费多西娅·雅科夫列夫娜一样——安东·帕夫洛维奇认为她就是一位圣人。

不漂亮的姑娘索尼娅绝望地爱着阿斯特罗夫，在艰难的时刻紧紧地依偎在同一个老保姆玛丽娜的身旁。（"老妈妈！老妈妈！"——"没什么，孩子。你在颤抖，好像打寒战呢！……嗯，嗯，无依无靠的孩子，上帝是仁慈的。"）

还是与这个老保姆在一起，索尼娅以著名的独白结束了戏剧，整个剧院的观众都在鸦雀无声的寂静中强忍着泪水和激动的心情，倾听着从莉琳娜口中念出的这段台词。

我们会休息的！我们将听到天使的歌声，我们将看到整个天空都布满灿烂的光辉……而我们的生活也会变得宁静，温柔，甜美，有如温柔的爱抚。我相信，我相信……我们会休息的。

幕布缓慢地从两侧向中间拉近，在幕布上显露出一只海鸥，这是艺术剧院的象征。在礼堂里，许许多多的白色手帕在女士们的脸颊旁若隐若现。在演出的一些片段，人们毫无顾忌地痛哭起来。

这就是由《林妖》而生发出的新作品，在《林妖》中，剧情是以两场轻松喜剧式的婚礼收场的。

《万尼亚舅舅》是秘密写下的，该剧突然在1897年被收录进契诃夫的剧作集（由苏沃林出版），立即便在多个外省剧院上演。那里的剧院是如何上演这出戏的我不清楚。但这部戏剧取得了成功，影响很大。契诃夫对此颇为惊讶。

在1898年，雨果剧作《欧那尼》的仰慕者、豪情壮志的尤仁，想要为小剧院争取到这个剧本。与此同时，聂米罗维奇也想要拿到这个剧本，在艺术剧院上演。契诃夫左右为难，不知该如何是好。此时小剧院管理层的一个不知分寸的行为让此事得以解决（他们想对第三幕进行改动）。

剧本自然被聂米罗维奇拿到。1899年10月26日，这部戏在莫斯科艺术剧院的舞台上亮相。斯坦尼斯拉夫斯基饰演阿斯特罗夫，克尼碧尔饰演伊琳娜·安德列耶夫娜，莉琳娜饰演索尼娅，维什涅夫斯基饰演沃伊尼茨基，阿尔焦姆饰演瓦夫利亚，萨玛琳娜演老保姆——演出票房大卖。也许演得最好的是莉琳娜，康斯坦丁·谢尔盖耶维奇的妻子玛丽亚·彼得罗夫娜·阿列克谢耶娃-斯坦尼斯拉夫斯卡娅。她的表演自然质朴，充满魅力，她所有的言语和行动都如此真实，令人感动。契诃夫在写作剧本时还不认识阿尔焦姆，但写出的人物就好像为他量身定做的一般。这几个恭顺之人使剧中的其他人物都黯然失色，可以说整个剧本都是对恭顺者的赞美。

艺术剧院的"管弦乐队"也演奏得很好——他们好像在上演一部交响乐，仿佛美妙的音乐旋律传到观众席间。现在，显然已经没有上演《海鸥》时的那种焦躁不安了。艺术剧院成熟了，变得越来越强大，观众群体已经牢固地建立起来了，甚至其中有很多忠实的朋友和崇拜者。剧院所取得的成功是巨大的，而契诃夫再次独自一人待在雅尔塔——荣耀向他频频传来。

《万尼亚舅舅》具有一些能够激发任何尚未冻结的心灵的特征。也许，这出戏尤其刺中了许多外省的人（他们一来到莫斯科便立即奔向艺术剧院），这些人像未来的三姐妹一样困缩在偏僻的角落里，感到窒息，他们是如此需要被安慰和爱抚。有多少个来自穷乡僻壤的索尼娅在圣诞节期间来到莫斯科，在艺术剧院里为这个《万尼亚舅舅》中的索尼娅而痛哭流涕呀。

一切都在朝着正确的方向发展。在文学中出现了契诃夫，在戏剧领域里出现了艺术剧院，恰在此时，契诃夫成为一位成熟的作家。

他是一名出色的剧作家吗？这是另一个问题，可能会有不同的意见，这在很大程度上取决于人们希望从剧作家那里得到些什么。托尔斯泰非常喜爱契诃夫，但是他认为，契诃夫为剧院所写的剧本"甚至比莎士比亚还要差"。尽管托尔斯泰如此认为，剧院还是接受了契诃夫。他的剧作在俄罗斯各地演出，现在更是在全世界声名远扬。

契诃夫与艺术剧院的结识并非没有因由：这是命中注定的。需要让他们相遇——他们便相遇了。他们以自己的创作定义了这个时代。如果契诃夫的剧本一直由亚历山大·卡尔波夫在亚历山大剧院上演，那么俄罗斯将不会听到可怜的索尼娅的哭诉。这一成就是由艺术剧院达成的。如果没有契诃夫，那么艺术剧院就不会成为注入了俄罗斯灵魂和文学传统的俄罗斯民族剧院。我们的剧院可以出色地上演易卜生、豪普特曼和梅特林克的剧目，但这并不意味着其成为具有民族性的剧院。

《万尼亚舅舅》还是没能取得像《海鸥》一样辉煌的胜利。批评界总体来说都是好评，但也有一些保留意见。克尼碧尔在表演中很紧张，在她看来，她说话的腔调不太对——她将此事写信告诉了契诃夫。契诃夫安慰了她和其他人，平静（而忧伤）地予以回复。但是他很清楚，这两部剧目都是成功的，而且是稳固和永久的成功。《海鸥》由于出乎意料而使人们为之震惊。现在艺术剧院已经确立了自己的地位，它拥有自己的面孔，以感觉体验的逼真、谦逊的朴实和充满活力的表演而闻名于世。并且艺术剧院富有一种天然的音乐性。这是一个乐队式的剧团，契诃夫充满诗意的剧本是专门为它创作的，尽管这些剧本在剧院还不存在的时候就已经写出来了。

因此，毫无疑问的是，《海鸥》和《万尼亚舅舅》成为剧院的奠基之作。这就是为何在默默拉开、渐渐展露舞台的灰褐色幕布上飞翔着一只白色的海鸥。

雅尔塔

"整个冬天我都要在雅尔塔度过。我的身体还好，但是他们不让我去莫斯科，而且只要我还活着，那么想必将来所有的冬季我都要在这里度过了。"

这是契诃夫1899年1月2日在雅尔塔写下的。

三天后："我在通往伊萨尔-乌昌苏要塞的沿途给自己买了一块位于上奥特卡区的土地。"

现在他住在市区里，而他所买的地产则位于地势稍高的雅尔塔的郊区。很快便开始建造别墅—— 他已将此地确定为最后的栖身之所了。在梅里霍沃尚未出售的时候，也有过各种层出不穷的计划，例如给玛丽亚·帕夫洛夫娜在莫斯科买一栋房子，但是他感觉自己已经被困在了雅尔塔。情况也的确如此。他们没有在莫斯科购置房产。梅里霍沃在秋天被出售了，安东·帕夫洛维奇安稳地在雅尔塔定居了。

不久前《海鸥》刚刚辉煌地上演，并且这一辉煌与名望仍在持续不断地增长。

"轰隆隆的荣耀"传到了雅尔塔。契诃夫对此并没有冷漠视之或避而不谈。乌鲁索夫公爵发表在《邮报》上的热情洋溢的文章、莫斯科的来信、雅尔塔本地人们的热烈讨论都令契诃夫激动不已。"这似乎让我疲惫不堪"，这意味着此事对于契诃夫来说相当重要（他不喜欢过多地表露感情）。——"如果我不住在雅尔塔的话，那么冬天将是我一生中最快乐的日子。"

如果他没有住在雅尔塔……实际上，他不仅住在那里，而且还在那里扎下了根。

"我很无聊。""没有莫斯科的朋友，没有莫斯科的报纸，没有我那么喜欢的莫斯科钟声都让我感到无聊。"但是对于他来说，这也是历史的必然进程：疾病自行其是，除了冬天在南方度过，他别无选择。名声在增长，资产在增长，余下的生命却在缩短。

无论是否真是因为托尔斯泰的建议，还是因为契诃夫明显日益增长的声名，这位马克斯，杂志《田地》的出版商提出以七万五千卢布的价钱获得出版他全集的版权。合同签订后，他立即收到了一部分钱，余款在短期内也将收到。当然，所有这些都是极好的。但是不管怎样，毕竟——契诃夫自己还是一名医生，在雅尔塔有着数不清的遵医嘱被从北方送过来的肺结核病人。有些是拿着自己最后的一点儿积蓄来到这里，有些已经处于无可救药的境地。所有这些都是同病相怜的病友，而莫斯科的医生们又写信向他这里派送了多少病人哪。他不是那种能够拒绝别人的人，他亲自探访过一些病人，试图帮助他们安顿下来，但总的来说，对于一个病病歪歪、时常心情沮丧、身体虚弱、总是疲惫不堪的人来说，这是一项并不轻松的负担。而且他本人也被告知遵从所有相同的医嘱。

房子建造得很快，一切都进展顺利。这是一个令人心情愉悦的地方。房子位于雅尔塔的高处，毗邻奥特卡大路，可以欣赏到远处的景色。周围还有山麓、山峦和海岸。契诃夫认为他的别墅有"2又1/2层"——这是一座典型的南方白色别墅建筑，外观相当宜人，里面有几个不大的房间，但也有阳台，总的来说住在里面很舒服。从露台上能够看到十分美丽的风景，当然下面是一个花园。

就像在梅里霍沃时一样，安东·帕夫洛维奇种下了各种植物，只是这里种的都是一些南方植物。他经常写信给玛丽亚·帕夫洛夫娜，告诉她关于这座建筑的进展。"你的塔楼要不要铺木地板？""奥特卡的别墅将既美观又舒适。你和妈妈一定会很喜欢这里的。在你们来的时候，即在6月之前，一切都会准备就绪。"结果是"承包商说，房子在8月以前肯定能早早装修好"。

不能说早了很多，但是在7月底："雅尔塔的房子非常好。各个角度的风景都很棒，从你的房间所看到的风景简直会让你忍不住哀叹：我们之前怎么没有住过这么好的房子。耳房也已经完全准备好了。"（这意味着房子还没有完全完工。）"我种下的所有树都已经生根了。大麻、蓖麻和向日葵高高地伸到了半空中。"

但是现在已经到了8月底，房子还没有准备好。玛莎的房间里正在铺设木地板。他们想要开始粘贴墙纸，但是他制止了：还是让她自己选择墙纸的样式为好。他承诺，在9月1日以前，玛莎和母亲的房间都将一切准备就绪。目前他还住在耳房。他雇了一个土耳其人穆斯塔法做看门人。但是契诃夫的饮食安排得不太好。去城里要走很长的路，所以他并不是每天都能好好吃饭。尽管如此，装修和花园里的那些琐事都让他觉得很有趣。

他亲手种下了一百棵玫瑰，是最好的品种。还有五十株角锥形的洋槐，许多不同的山茶花、百合、晚香玉——契诃夫一直喜欢花，还在梅里霍沃的时候他就种了不少花。

最终，在1899年的9月上旬，玛丽亚·帕夫洛夫娜带着母亲一起来了。"我们被安置在一栋大房子里。还不错。"

半个世纪以前，我曾经进入到这栋房子里。我只看到了安东·帕夫洛维奇的办公室——以及房子的主人。

不出所料，在这间办公室里有一张土耳其沙发，墙上挂着许多照片。墙纸是深色的，桌子上放着各种零碎的小玩意儿。在大大的壁炉的上方挂着一幅列维坦的风景画——画上描绘的是俄罗斯的夜晚，草地上的干草堆和升起的月亮。办公桌上放着墨水瓶和插着蜡烛的烛台，此时我的手稿正放在桌子上，蜡油从蜡烛上滴下来落在纸上——而安东·帕夫洛维奇·契诃夫本人戴着夹鼻眼镜，沉默着坐在沙发上，表情冷淡，但最终却鼓舞了后辈：初出茅庐的年轻作家来向老作家请教——这一次他已经不是假冒的购房者。

根据我的判断，这所房子是一处幽静所在，没有奢华的装饰和气派的规模，但是舒适优雅，而且正如契诃夫所想要的那样，低调而整洁。对于叶甫盖尼娅·雅科夫列夫娜来说，整个克里米亚地区，连绵的山脉、鞑靼人当然都是异国情调，不是相邻的，也不是东正教的文化。而且帕维尔·叶戈洛维奇也已经不在了。实际上，她与他一起度过了整整半个世纪。在这所房子里只残存着帕维尔·叶戈洛维奇的零星印记：一幅圣徒约翰的肖像画，还是他在梅里霍沃时所画的。安东·帕夫洛维奇自己出于某种原因将其带到了这里。

10月份，他带着母亲和妹妹去库丘科伊看了看——这是一处附带一块土地的别墅。顺便说一句，由于此处的美景，他把它买了下来。但是通往那里的道路如此陡峭，以至于叶甫盖尼娅·雅科夫列夫娜一路上简直心惊胆战并且一直在祈祷。她和玛丽亚·帕夫洛夫娜都非常喜欢库丘科伊。不过，安东·帕夫洛维奇还是失算了：对于那些沉稳平静，拥有伟大的俄罗斯心灵的梅里霍沃人来说，这里太过于香气馥郁了。他们从来没有在这里住过。

玛丽亚·帕夫洛夫娜在10月份前往莫斯科。契诃夫和母亲待在一起。他非常爱她，作为儿子他是十分细心和恭敬的，总是在旅行时给她带回各种礼物，每年都不会忘记在信中祝贺她的命名日。在这里契诃夫也把她的生活安排得很好，并专门为了她把玛留什卡·多丽梅东托夫娜——过去在梅里霍沃时期的老面孔也从莫斯科带来了。但是她和他的世界完全是不同的。除了家务和日常生活以外，他未必能和她有什么其他的共同话题。他和妹妹的相处中也有很多的日常琐事，甚至有些过多了。关于叶甫盖尼娅·雅科夫列夫娜，我们还能说些什么呢，显然契诃夫那些潜藏着的最优秀的品质都来自她。

不管怎样，他在这一新生活中还是感觉到孤独。尽管有舒适的房子，有母亲在身旁陪伴以及他所取得的成功，他还是有着被放逐和坐牢的感觉。在地平线上的某个地方有着莫斯科、艺术剧院、《万尼亚舅舅》以及克尼碧尔（"如果我继续留在莫斯科，我一定会爱上这个伊琳娜的"）——与她之间的信件往来变得越来越频繁。那里有着生活、戏剧上的成功和紧张不安。在这里，他用母亲买的波斯药粉毒死苍蝇，看着鞑靼人是如何"辛勤工作"的，挑拣碎石子。栅栏旁的小路都被他铺上了石子——这对他来说都是值得一提的事情。

在梅里霍沃时代，他在写给妹妹的信中几乎总是讲到煤油或瓷砖之类的琐事：买一磅蜡烛，一盒沙丁鱼，付一个半卢布给某个名叫罗曼的小伙子。而在出现了克尼碧尔之后则是另一种调子："晚上外面着火了，我起身，从露台上看着火光，感到非常孤独。"

但是，他在11月写给妹妹的信中谈到了某些要点："你提到了剧院、熟识的朋友和各种各样的诱惑，就好像在戏弄我；你的确无法想象，晚上九点钟就上床睡觉是多么无聊，多么压抑，我气愤地躺在床上，意识到没什么地方可去，也没什么人可以一起聊天，写作也没有意义，因为总之我也是看不到、听不到自己的作品的。"

"钢琴和我——是房子里的两个物件，我们俩悄无声息地在这里默默度日并疑惑不解，为什么明明没有人在我们身上弹奏，却还要把我们摆放在这里。"

但是在这里他错了。钢琴的确是寂静无声的，而另一个"物件"在这里构思并写下了小说《在峡谷里》——俄罗斯文学中的又一件珍品。

*   *   *

苏沃林是契诃夫周围这些朋友之中最具天赋的（列维坦除外）。"一个大人物"，契诃夫这样评价他。在契诃夫的所有书信中，写给苏沃林的信件是最有趣的。至于苏沃林对于契诃夫早期的文学生涯意味着什么，前文已经说过了。

但生活就是生活——永远处于变动之中。有的人来了，有的人离开了。

而且契诃夫也未必特别青睐哪个人。在他的一生中，一些"朋友"的位置自然而然地会被另一些人所占据，这些人如果不是朋友，那么就是朋友的替代品。

苏沃林的麻烦是令人不愉快的报纸《新时代》。契诃夫本人曾在上面发表了很多作品，但从布连宁充满敌意的文章开始，他多次被激怒。厚颜无耻的嘲弄语气无论如何也无法取悦于他。而且这种情况愈演愈烈。《新时代》这一彼得堡政府和官方的代言人越来越不适合他了。

契诃夫并不参与政治，但他有着对于自由的热诚。在萨哈林岛和远东地区，他看到了许多与《新时代》所述不相符的地方。"那些脑满肠肥的要倒霉，那些富足的要倒霉，那些放债的要倒霉！"——《新时代》杂志社里的正是一些脑满肠肥的趋炎附势之人，却令人不悦地闪闪发光。

90年代，契诃夫缓慢而稳步地转移到了另一个环境——《俄罗斯思想》和《俄罗斯消息》，这是那个时代自由知识分子群体聚集其中的报刊。那时发生了轰动一时的德雷福斯案，爆发了学生暴动。《新时代》采取了极端保守的立场。契诃夫站在一边，苏沃林站在另一边。

总的来说，在俄罗斯开始了某种进程。一个时代过去了，另一个时代开始了。可怕的大动荡正在逼近。

"海燕像黑色的闪电，在高傲地飞翔。"——很难想象出比这首《海燕》（韵律贫乏的散文诗）更普通平常的东西了，但这是决定命运的一部作品，而阿列克赛·马克西姆维奇·彼什科夫（高尔基）本人，这一革命浪漫主义的化身也是决定命运走向的关键人物。革命的基础是存在的。《新时代》正在为此做准备。高尔基的作品更适合当时的口味。（至于说到在当时微不足道的一些人：斯坦尼斯拉夫斯基和叶尔莫洛娃都酷爱高尔基。）

契诃夫当然不喜欢他，也无法喜欢他。尽管如此，高尔基还是结识了他，表现得像一个忠实而虔诚的学生。当然，所有这些都起了效果。而且高尔基也很有天赋，能够在一群平庸之辈中脱颖而出。他见多识广，经历丰富，但并没有失去真诚和感伤之情。从某种意义上说，契诃夫跟他在一起觉得很有趣。

可以说高尔基是联系契诃夫与根本不适合他的那个世界之间的一个纽带。他从未进入过那个世界，但与这些马克思主义者有过一些接触。他认为"红褐色头发"是他们的主要特征。他还粗略地提到了"绷着脸气哄哄的马克思主义者们"。当时已经出现了第一批马克思主义期刊《开端》和《生活》——正是在《生活》上契诃夫发表了小说《在峡谷里》。关于这部小说高尔基写了一篇热情洋溢的评论。

在《生活》上发表自己的小说后，契诃夫的名望丝毫没有受到影响，在某种程度上甚至有所增加。在公告中，该杂志以大字号突出了契诃夫的名字。他再一次展示了自己作为一个人的立场：和以前在类似的情况下一样，契诃夫写信给这位编辑（波谢）提出，不需要突出他的名字，让他和其他人一样，大家都是同行。

*　*　*

1900 年 1 月他写道："我感觉，我已经在雅尔塔住了一百年了。"当月，他与托尔斯泰一起被选为科学院语言文学部的名誉院士。任何什么科学院都不能让托尔斯泰感到惊讶——他甚至没有对自己的当选致辞表示感谢。而身处雅尔塔百无聊赖的生活中的契诃夫，倒是可以借此聊以消遣。但也仅此而已。12 年前，普希金奖的获得曾让他们一家人都激动不已。而这一次获誉在家中的反响则十分平静。

安东·帕夫洛维奇简短地表达了感谢，但在信中他很少谈及此事。这是第一次："自从 1 月 17 日开始（将我提名为万世不朽的头衔的那一天），我病了，我甚至想了想该如何不欺骗那些推选我为'不朽'的人，但是什么办法也没有，我又振作起来，恢复了健康，虽然在左锁骨下方已经有了一个准星。"

然后他稍作歇息。在 2 月份给弗·尼·拉德任斯基所写的信件则更加有趣了。此人祝贺他的当选。契诃夫给他回复了一封迷人的信函——显然，他对这位拉德任斯基——一个诗人和奔萨地区的地方自治局工作者——是颇为赏识的（是的，想让一个理智之人不喜欢弗拉基米尔·尼古拉耶维奇是很难的）。契诃夫总是友好地取笑他，说他鞭笞农民，等等。信是这样开始的："奔萨万岁！地方自治局委员万岁！鞭笞农民万岁！"[1]

拉德任斯基是 19 世纪最善良的俄罗斯自由主义者，或者说是一位杰出的贵族老爷。契诃夫写给他的信经常是这样的："要品行端正地效力，铭记誓言，不要纵容农民，必要时再鞭笞他们。""要像个普通人一样宽恕他们，但像个贵族一样惩罚。"

接下去，他在回函中写道："还要感谢你以及你对我入选院士的祝贺，并请允许我向你没有当选院士表达诚挚的同情。圣彼得堡的安东尼大主教强烈抗议你的入选。'奔萨地区的人，'他说，'我们不需要。'"

契诃夫本人所需要的也不是奔萨地区的人。现在对他来说最有趣的是艺术剧院，里面有一位女演员：奥莉加·列昂纳尔多夫娜·克尼碧尔。

在《万尼亚舅舅》之后，剧院想从他那里再得到一部新剧本。新剧本暂时还没有写出来，在信中他的托词是（按照斯坦尼斯拉夫斯基的说法），实际上他并不了解他们的剧院——的确，他只在 1899 年 5 月看过一次《海鸥》，是剧院专门为他演出的，没有观众。

为了展示剧院并与契诃夫走得更近一些，他们决定整个剧团在春季一起前往克里米亚，在塞瓦斯托波尔和雅尔塔演出。一切便都这样发生了。

在复活节前的一周，一大队人马从莫斯科开拔：老老少少，瓶瓶罐罐，就差没带上茶炊了。他们住进塞瓦斯托波尔的基斯塔旅馆，将整个旅馆都住满了，在城里引起了

1　原文为法文（Vive Penza! Vive monsieur le membre de l'hôtel de Zemstvo! Vive la punition corporelle pour les moujiks!）。

轰动——无论是对于基斯塔旅馆，还是对于这个城市来说，这都是一个引起轰动的事件。人们争先恐后地购买戏票。在雅尔塔，所有剧目的门票都提前销售一空。

他们带来了《海鸥》《万尼亚舅舅》，霍普特曼的《孤独的人》和易卜生的《海达·高布乐》。塞瓦斯托波尔正在庆祝复活节。斯坦尼斯拉夫斯基天真地（甚至是可笑地）宣告，他们非常愉快地开了斋，然后他们在黎明时分去了海边。在那里，由于心情舒畅，"他们唱起了吉卜赛歌曲，并伴随着大海的呼啸声朗诵诗歌"。唯一缺少的就是马克西姆·高尔基。他要是能在复活节的晨祷之后给他们朗诵一下《海燕》该有多好。

克尼碧尔前往雅尔塔看望了契诃夫。她回来的时候带来了他身体状况不佳的消息。但他还是在复活节的第二天就来了。他们一起去码头迎接他。他是最后一位离开旅客休息室从船上下来的，他憔悴的病容让所有人都感到惊讶。他剧烈地咳嗽，脸色苍白，外套的衣领竖立着，眼神既悲伤又疲惫。而塞瓦斯托波尔的天气又不好，寒冷而且刮着大风。当然，大家都围上去七嘴八舌地询问起他的健康状况。他一如既往地回答：

"我身体很好。"

大概，除了一位他真正想要俘获其心灵的女演员，他已经进入这些演员的心灵深处。而且他的看法并不完全是正确的。他们虽然缺乏对他的戏剧的了解，但对待他几乎是狂热的崇拜。无论怎样契诃夫也不能抱怨艺术剧院是不爱戴他的。他们非常爱他。不仅是演员们，观众也是如此。

巡回演出进行得很顺利。是的，他们在冰冷的剧院里表演，演员化妆室墙壁的缝隙里吹进阵阵冷风，演员们不得不在旁边的旅馆里换衣服。为了使《海鸥》的照明充足，聂米罗维奇下令增加电流强度，让城市花园一半的照明灯都熄灭了。但是所有这些困难都是微不足道的，最主要的是取得了成功，巨大的成功。

对于契诃夫来说，除了克尼碧尔就在他的身边，所有这一切对他来说也是新奇有趣的，特别是在他已经受够了雅尔塔那种无聊的生活以后。他在化妆室里走来走去，白天跟演员们坐在剧院门前晒太阳取暖。当然，他又说玩笑话了。晚上的演出结束后观众呼唤着他上台。斯坦尼斯拉夫斯基认为当时的契诃夫简直"感到绝望"，但他还是上台了。

至于说到绝望，我认为这是夸大其词。

契诃夫热爱名望。他的聪明和克制使他得以摆脱对于名望的刻意追求，但他仍然还是热爱声名远播的。众所周知的腼腆，不喜欢吵闹和人群，使得出现在公众面前对他来说是非常难为情的——这是有可能的。但是，他为此感到痛苦，不是当他在莫斯科，在塞瓦斯托波尔看演出的时候——要知道后来整个俄罗斯都在为他鼓掌欢呼，而是在彼得堡的剧场里人们为《海鸥》喝倒彩的时候。契诃夫实在是个复杂的伟人，我们无法只在斯坦尼斯拉夫斯基的视野下去理解他。

春季和夏季开始了，这一时节对他来说至关重要。

剧院从塞瓦斯托波尔转移到雅尔塔。在那里也取得了同样的成功：观众欣喜若狂，崇拜至极，又是一场辉煌的胜利。在这一大群演员里，最吵闹的要数那位以自己极大的真诚而使人赞赏的维什涅夫斯基——这些人在闲暇时间都聚在契诃夫的家中。从早餐、午餐一直到下午茶——宾客们络绎不绝。一些作家也来到了雅尔塔：高尔基、布宁、叶尔帕季耶夫斯基，还有《全民杂志》的出版商米罗柳波夫，聂米罗维奇，马明-西比里亚克——好像这里已经成了契诃夫的文学司令部。而且这一阵营也的确是靠他来支撑的。

给这一大帮人做饭，管吃管喝的当然就是玛丽亚·帕夫洛夫娜、叶甫盖尼娅·雅科夫列夫娜以及玛留什卡、马尔富什和其他一些用人。那种嘈杂不堪、一片混乱的状况正是每个经历过那个时代的人都非常了解。在20世纪初，哪里有什么与西方界限分明的俄罗斯作家的秩序或制度？当然了，无须谈论这些。那时候人们从早上就相互拜访，无边无际地谈天说地，进行哲学思考或争论，可以随意地大吃大喝——家里的所有人手都会帮忙准备饭食。

契诃夫在更早的时候就给奥莉加·列昂纳尔多夫娜·克尼碧尔写了信（根据聂米罗维奇的说法），说他们到了雅尔塔之后，晚上也会进行排练。他们将占用剧团中一些有价值的代表性人物，"其余人员可以随意在什么地方休息。我希望，您是有价值的人物，而对于作者来说——您是无价的"。可能正是从这一角度出发，他才在自己位于奥特卡的别墅接待了这吵吵闹闹的一大群人，接受了这些演员、艺术家对他的入侵。嘈杂不安的宾客使他精疲力竭，但这就是生活。疾病不仅消耗了他的身体，还增强了他对于生活本身的敏锐感觉。爱情之火仍在燃烧。对他来说，住在疗养院显然是比陷入爱情更明智的选择，但他还是坠入了爱河，愿上帝与她与健康同在。

剧团于4月底在雅尔塔演出。斯坦尼斯拉夫斯基像小孩子一样对高尔基赞不绝口，高尔基给他们讲述了自己构思剧作《在底层》的想法，而克尼碧尔已经在帮助玛丽亚·帕夫洛夫娜操持家务了。玛丽亚·帕夫洛夫娜是否真的喜欢她的帮助，这是另一个问题。

关于剧团离开之后的那个夏天，我们可以这样说：可以肯定的是，契诃夫最晚应该在7月开始写作剧本《三姐妹》（其中最好的角色是给克尼碧尔准备的）。显而易见的还有，这个夏天克尼碧尔留在了克里米亚。8月初，她动身前往莫斯科。8月9日，契诃夫从雅尔塔给她写了信。信是这样开头的："我亲爱的奥莉娅，我快乐的源泉，你好！"——这是他第一次在信中对她以"你"相称。这一称谓出卖了一切。在塞瓦斯托波尔他送她上了火车，而后他便思念心切，到处游荡，因为无事可做，他去了巴拉克拉瓦。"我总是感觉，这扇门现在就会打开，你走进来。但你没有……再见了，愿上天的力量，守护天使守护着你。再见了，好女孩。"

关于爱情：克尼碧尔

契诃夫的青年时代完全是在无拘束的独身生活中度过的。他并不稳固地属于任何女人。"他似乎吸引了很多女人。我想，他知道怎样能够令人着迷"，聂米罗维奇这样说，并补充道，契诃夫不喜欢"闲谈"这个话题：这完全符合他的性格。是什么就是什么。他从来不会夸夸其谈。至于说到他本身是个迷人的男子，这是毫无疑问的。

不管怎样，他十分了解女性的世界以及与之相关的一切，当然这些知识不是从书本上获知的。但是显然，他并没有建立过与生活紧密相连的深刻的感情。

无论是 80 年代在莫斯科，还是在梅里霍沃，他都独自生活。不时有传言说他就要结婚了，但事实证明这都是谣传。然而，岁月流逝了，自由自在的生活自有其魅力，但孤独也有其需要承担的后果。

当他在世间游历了快半辈子的时候，他显然开始感觉到了某种空虚。这正是与莉卡，第一个在他心中留下痕迹的女人相处的时期。可以说，他真实的心灵故事始于莉卡，只是他在这段感情中没有完全袒露自己，而是将其转移到了《海鸥》之中。

关于契诃夫与阿维洛娃之间的"罗曼史"，我们则很难判定真假，因为我们所听到的只是她的一面之词。毫无疑问，有很多女士相信契诃夫对她们并不冷漠，并认为契诃夫"触犯到了"，"爱上了"自己，诸如此类的说辞完全凭她们自己的性情而定。

女作家阿维洛娃留下了关于契诃夫的回忆文字，或者更确切地说，是关于两人之间恋情的记述——时而是生动感人的，时而是天真幼稚的。

一直都是单方面在讲话。在契诃夫写给她的信中，您找不到任何与此有关的信息。契诃夫写给她的信件与写给其他女作家的信件的语气一样——都是在创作技艺方面提供一些建议，有时他非常直接地指责她们在遣词造句上的粗心大意。当然，所有这些都没有起到什么作用。莉季娅·阿列克谢耶夫娜也许在契诃夫那个时代是位非常可爱的女士，但她所写的东西枯燥无味，她的才华不足，任何建议都无法提供帮助。（"亲爱的，要知道诸如'完美无瑕''在折断处''在迷宫中'这些词——简直都是自取其辱。"）

她爱他是毋庸置疑的。在她的想象中他也爱上了她，但无奈她已嫁为人妇，已经有了几个孩子，他迫于现实无法娶她。

此事始于很久以前。1889 年当他们第一次在彼得堡相遇时，当他们的眼神相互凝视着对方时，在她的灵魂深处"什么东西瞬间爆炸了"并且"射出了狂喜的火箭"。"我毫不怀疑，在安·帕的内心也发生了同样的一幕……"这正是无法得到证实的。此事是在一个愉快的晚餐期间发生的。在契诃夫的生活中，这样的晚餐和"火箭"比阿维洛娃所体验过的要多得多。她总是从字面上理解一切。

他们见面的次数很少。一切都以失败告终。大概，她在后来的许多日子里还将自己的许多情愫归因于他。她真诚地描述了这一切，总的来说，这与她的坎坷命运一起引起了人们对于莉季娅·阿列克谢耶夫娜的好感。她怀着热爱和崇拜的感情讲述契诃夫，尽管像莉卡一样，她对于契诃夫的指责也主要在于说他任何时候都是个作家，总是在生活中寻找"情节"。（"作者越是冷漠无情，他所写的故事就越是敏感和动人。"）

她是如何在化装舞会上认识他的，她是如何给他表坠的，而这枚表坠后来又是如何奇妙地出现在了《海鸥》的情节中，契诃夫用特里果林对尼娜所说的话（"第121页，第11和12行"）回答了阿维洛娃本人——这一切都非常有趣。两人之间更具有实质性的交往是在晚些时候，在1898年，他生病住院后她去医院看望他，给他送去了鲜花。

自1898年开始，在契诃夫的写作中开始出现了对于爱情的向往。其中有一些因素看来是与阿维洛娃相关的。

也许，1897年的病情本身加剧了他的孤独感和不甘心。生活正在逝去，健康已被摧毁，而爱情和家庭的幸福却是空缺。

1898年8月出版的《俄罗斯思想》中刊载了他的短篇小说《关于爱情》。这部作品微微揭示了契诃夫的内心并支持了阿维洛娃关于这一时期的转述。这个故事简直刺痛了她的心脏——当她第一次阅读它时，"大滴的眼泪落在纸上，我急忙擦拭眼泪，以便可以继续读下去"。一些片段的描写太过于亲切了，从最主要的情节开始便是如此：一位已婚的少妇，家庭中的母亲，安娜·阿列克谢耶夫娜·卢甘诺维奇，被某个阿列兴所爱——他长久而笨拙地爱着她。他经常去她的家里做客，每每悲叹，却无法作出任何决定。她也爱着他。两人之间什么都没有发生。最后，她的丈夫被调到一个遥远的省份工作，她先带着孩子们前往克里米亚。他送她到火车站，直到那时，在车厢里，他才在最后一次摇铃时第一次和最后一次吻了她。火车开了。他坐在隔壁的一个空车厢里，在那儿哭泣，直到火车开到下一站。

阿维洛娃在小说中找到了自己说过的话。（"当我失手弄掉了什么东西，她就冷冷地说：'我给您道喜。'"在小说的结尾，男主人公的犹豫不决已经激怒了这位安娜·阿列克谢耶夫娜。）

莉季娅·阿列克谢耶夫娜·阿维洛娃直接这样写过契诃夫："我记得，有一次当他把帽子掉进泥坑里时我是如何'祝贺'他的。"

火车车厢的场景几乎也是现实生活中的复现。一年以后，契诃夫正是以这种方式从莫斯科送走了阿维洛娃（但他没有坐在隔壁车厢，也没有哭泣，总之我从来没见他哭过）。但是，事实上，她此后再也没有见过他了。

也许她的观点是对的，她相信"作家就像蜜蜂一样，从需要的地方采蜜"——当然，在契诃夫这里，作家就是一切。（但是她信中的这句话就像之前莉卡在信中所说的类似的话一样，也触动了他。）

然而，阿维洛娃认为在阿列兴身上契诃夫只描绘了自己和自己的感受，这种想法未必是正确的。当然，他将自己的情绪投射到了人物身上，但是从小说本身来看，他像阿列兴爱着安娜·卢甘诺维奇那样爱着阿维洛娃是不可能的。

但她仍然甜蜜又痛苦地认为现实中就是这样的。

很难说《关于爱情》这部短篇小说是鲜明有力，令人印象深刻的，但结尾处还是贯穿着契诃夫式的特殊音符。

我记得在雅尔塔的时候，他傍晚时坐在海边长椅上的样子（有一次我偶然在岸边看到他，他纹丝不动地坐在那里，外套的领子竖立着，望着大海）。也许他是理解所有这一切的。但是他不喜欢谈论这些。

《带小狗的女人》（1899）中也充满着对于爱情的向往。这是雅尔塔时期的美妙产物，正是雅尔塔的风情。

生活指明了出路。

我对于奥莉加·列昂纳尔多夫娜·克尼碧尔在契诃夫去世以后，在戏剧界和莫斯科文学界的活动有着很好的了解。

我并没有十分近距离地了解她，但与之有过一些交往，她给我留下了鲜明的印象。这是一个非常敏锐、富有魅力的女性。也许，这种机智敏锐可能是由于混合了非俄罗斯的血统（匈牙利-德国血统？）所赋予的，至少使她具有一种异国情调。作为一个富有艺术气质的女人，她经常受到情绪波动的影响，时而忧郁时而兴奋。她是一个知识分子，作为一位演员来说颇有文化底蕴。她从小就献身于剧院——她在音乐学院聂米罗维奇指导的班级学习，并在毕业后立即进入了艺术剧院。在剧院里，她与契诃夫的戏剧共同成长。的确，她所成功塑造的第一个人物是伊琳娜王后，但她真正地脱颖而出则是在契诃夫的四部剧中。在后两部剧中契诃夫直接以她的形象构思人物，几乎就是为她量身定做的。在《海鸥》中有着一些个人的内核，改头换面的莉卡暗藏于其中。而在1890年开始上演《三姐妹》的时候，正是契诃夫与克尼碧尔相互接近的时期。在这部剧中并没有什么个人传记的痕迹，但是对于克尼碧尔来说，剧中的玛莎是最适合她的一个角色，当然了，契诃夫正是在这一角色身上看到了克尼碧尔的影子。她在艺术上激发了他的灵感。整个戏剧都因玛莎这个人物而大放异彩。从某种意义上说，《三姐妹》是为奥莉加·列昂纳尔多夫娜·克尼碧尔而写的，尽管里面还存在着对于更好的生活的渴望，还有着契诃夫本人"到莫斯科去，到莫斯科去"的呼喊（抒情性的哀泣，后来的人们不应对此嘲笑），知识分子痛心疾首的谴责，以及关于"两三百年之后"将要发生什么的幼稚想象。

1900 年秋天，在决定两人命运的克里米亚的夏天结束之后，克尼碧尔回到了莫斯科，契诃夫与叶甫盖尼娅·雅科夫列夫娜、仆人、白鹤、狗、自己的病痛以及未完成的剧本继续留在此地。病情越来越严重，让他难以忍受。他不停地咳嗽，时常发烧，咯血。"这部剧本早就开始写了，稿子一直放在桌子上并徒劳地等待着我再次坐到桌旁继续写作。""……已经第六天还是第七天，我待在家里没有出门，因为我一直生着病。发烧，咳嗽，流鼻涕。""由于无事可做，我逮住老鼠，把它们放到空地上。"

他比她要大上十岁。他虽然是个著名作家，但疾病缠身，当下他住在雅尔塔就像在蹲监狱。窗外的大海波涛汹涌，夜晚是难以穿透的黑暗，狂风摇撼着别墅，而她则身处莫斯科喧嚣浮华的艺术生活之中，在演员、晚宴和音乐会中穿梭。在他看来，她很少给他写信。"……你已经开始疏远我了。这是真的吗？你真冷酷，就像一个女演员该有的那副样子。""深深地吻你，直到窒息。"

但是她也并非总是对对方满意的。这是她从莫斯科写往雅尔塔的信："要知道你有着一颗慈爱而温柔的心，可为什么你要让它变得如此冷酷？"在莉卡的一封信中也有过类似的话。她所指责的也是他的"冷酷"。阿维洛娃也是。就像过去一样，克尼碧尔信中的责备伤害了他。"我什么时候让它变得冷酷了？我的心一直爱着你，对你温柔以待……"——但是，在不同时期，不同的女人因为同一问题而责备他终究还是说明了什么。她们看得更清楚。"人心难测"——在契诃夫的内心可能存在着各种情愫：既有隐秘的温柔，又有冷漠的懒惰。总的来说他是具有双重人格的。关于他的一切都不太容易——更确切地说，是很难下论断的。他的发展和成熟都在沿着两条路径延伸。他是医生，也是作家，一直以来两者之间的矛盾并没有缓解。对于本质问题探究的深度在不断增长，并坚持己见，他对于科学、理性、工作和勇往直前的进步的天真信念也在不断增强。人们只要一直工作，一切都会得到解决。

10月份，契诃夫写好了剧本，他带着剧本来到莫斯科。在那里，他立即陷入了剧院吵吵嚷嚷的忙碌生活之中。"高尔基也在这里。他和我几乎每天都会来到艺术剧院，可以说，我们有时也会引起一阵风波，因为观众对我们就像对塞尔维亚志愿者一样地热烈鼓掌！"

他们看上去并不像是志愿者，但是在休息室里他们的确受到了热烈的欢迎，两人的反应也有所不同：契诃夫沉默而克制，正如他一直以来的那副样子；高尔基则是难以自持和充满挑衅性的（直接斥责崇拜者），当时《海燕之歌》的腔调十分流行。这种方式甚至是很成功的。（1902

年，高尔基的支持者斯基塔列茨在贵族议会中在数百名听众面前建议用链锤敲打他们的头。他的演讲引起了人们的热烈欢呼。）

12月，契诃夫离开莫斯科前往尼斯。那里天气温暖，阳光明媚。他像过去一样，住在了古努德街9号的膳宿公寓。尼斯一直是他的最爱，现在也是如此。但是在莫斯科他也留下了深深的牵挂。"我亲爱的奥莉雅，别偷懒，我的天使，多给你的老爷爷写信。尼斯这里棒极了，天气很好。"

契诃夫写给克尼碧尔的信经常会遭到抨击。如果我们仅将其视为文学作品的话，那么这些指责并不是没有根据的。

这些信件的某些地方有些冗余，特别是在称谓上。还有许多琐碎之语。但是，这是两个非常亲密的人彼此之间的对话，对于有着亲密关系的两个人来说，各种日常琐事都是重要的。从另一方面来说，这也是一个深爱着对方，被疾病、虚弱和孤独所折磨着的人说出的话。这里面饱含着浓浓爱意、袒露的心灵、柔情和焦虑不安。不应当去谴责"我奇妙的女演员""女主角""小狗"等这些不同的称谓——这不是为著书而写的。

"我聪明的女孩，我要是能和你一起生活就好了，哪怕过上个五年也好……"这是文学吗？这只是在渴望幸福。毕竟，他才只有四十岁！但连这个"五年"的愿望他也没有达成。

在尼斯，他还在继续加工《三姐妹》的本子。他重写了一些内容，剧情越来越与她紧密相关。"给你添加了许多话，特别是在第四幕。你看，我从不希求你怎么样，只要尽力而为就好了。"

而此时在莫斯科，演员们已经开始排练该剧，显然他们急切地想要将其搬上舞台。

1901年1月2日，契诃夫从尼斯给克尼碧尔写了一封特殊的信："你还在闷闷不乐吗，亲爱的，还是已经开心起来了？不要沮丧，杜霞，好好生活，好好工作，多写信给你的老家伙安东尼。除了今天收到你12月12日的来信，信中讲述我离开时你是如何伤心地哭泣，我很久没有收到过你的来信了。顺便说一句，这封信简直写得太好了！它应该不是你写的，而是另外的人受你的请托而写的。"

接下来说到了排演。"你演得怎么样，亲爱的杜霞？哦，看吧！请不要在任何一幕中做出这个忧愁的表情。生气的样子是可以的，但不要满脸忧愁。一直内心忧伤并早已习惯于此的人不会满脸忧愁，而只会吹着口哨并经常若有所思。你也应该经常在对话时若有所思。"

最后，他祝愿她幸福、平安，"以及更多的，更久的爱，比如爱上个十五年。你怎么看，世间存在这种爱吗？我可以，但你却不能"。

时间过得很快，1月31日《三姐妹》公开上演。斯坦尼斯拉夫斯基认为，契诃夫很紧张，甚至在演出的前一天动身离开了尼斯，故意没有留下地址。

不管是否真的如此，实际上，在1月27日他来到了意大利的比萨，然后又去了佛罗伦萨。（"但是，我会说，这里很棒。那些没来过意大利的人并没有真正地生活过。"）这是一次美妙而短暂的会面，也是他与意大利的最后一次相见。2月初的罗马天气转冷，但他还是赞叹道："意大利真是一个神奇的国度！一个令人惊奇的国家！"

他仍然对莫斯科上演戏剧的情况一无所知。他甚至认为这出戏会惨遭失败。但他判断错了。很快人们就向他传来越来越确切的消息。

演出并没有失败，但是在首演中，成功并不是十分地明朗。第一幕很受欢迎，其余的部分观众的反响则有些冷淡。甚至在发给契诃夫的电报中不得不努力粉饰。到了1901年春天，《三姐妹》也就只在莫斯科上演了几次，然后又被带到圣彼得堡演出。直到三年以后，这部戏才真正被观众所理解和接受，"观众开始在作者想要他们大笑的地方大笑，在想要他们安静下来的地方静下来。每一幕都伴随着辉煌的胜利"。

《三姐妹》应当征服了广大的俄罗斯观众。总体的精神，对更美好的、光明的生活的号召，"到莫斯科去，到莫斯科去"的呼喊，这当然都传达给了观众——这是《万尼亚舅舅》结尾哭诉的延续，只是更加强化了。这都是很容易触动人心的。在有着大片荒凉的无法通行之地，身处巨大黑暗之中和变革前夜的俄罗斯，这一剧目激起了特殊的回响。那些从乌格里奇、扎赖斯克、叶皮凡等小地方来到莫斯科过圣诞节或是复活节的女教师都打算去什么地方呢？而那些地方自治局的统计员呢？医生们呢？哪里还能找到比他们更容易被感染的观众呢？契诃夫和艺术剧院给芸芸众生，给那些纯洁而生动的灵魂带来了多少眼泪和激动不安啊。

这部剧中仍然存在着双重性，但并非像《海鸥》那么完整和直率。契诃夫现在对剧院有了更好的了解，在写作中考虑了剧场的效果，直到最后一刻还在对其进行修改，添加,缩减,并且他很清楚地知道各个角色都将由谁来扮演。关于克尼碧尔更是没什么可说的。库雷金整个人都是按照维什涅夫斯基量身定制的。切布狄金准是给阿尔焦姆准备的。所有这些人物都设计得非常出色,这三个人物,也许再加上索列内依,都是让该剧取得成功,给其增光添彩的点缀。然而,在《三姐妹》的上空还是吹过了些许做作的气息。让人感觉一阵寒意的是伊琳娜、韦尔希宁和图津巴赫。所有这些"我们将工作","我们将开始新生活","在两三百年以后"都是独立存在的。契诃夫通过隶属于他的人物的口说出了自己的愿望、思想和观察……现在这些话时而会引起人们苦涩的微笑。("现在没有拷问,没有刑讯,没有敌寇入侵……"——那时候的确是没有的。)契诃夫不是一个先知,图津巴赫也确实不可信。他的任何一句话都不属于他,就像是伊琳娜打算与一个自己不爱的人一起去砖厂"工作"的喜悦心情一样,无论如何都是不可信的。

契诃夫建议克尼碧尔在舞台上吹口哨,而不是唉声叹气。这一指示是非常棒的。她不时轻声吹着口哨,没有号召任何人去砖厂工作,她属于人生早已失败的人,她没有希望,也没有说出任何"口号",但这一形象几乎是全剧最鲜明有力的部分。在第三幕中她与韦尔希宁的相互呼应("特拉-达-达","特拉姆-达姆-达姆")被完美地表演出来了,这就是生活,这就是毁灭幸福的力量,是绝望与失败。总的来说,契诃夫那令人无法抗拒的忧郁,他无意间散落在剧中的隐秘的与非理性的元素——都提升了该剧的格调。很难不向这种迷醉妥协。他是多么喜欢与离别有关的一切!他敏感地感受着离别——直到他生命最后的日子都未能将其摆脱(《樱桃园》），即使他总是给他的主人公们以明智的建议，虽然他有着对于两百年后的光明的希望，但他本人并没有因此而变得更加阳光。也许他在看到朴实、恭顺、人性和爱的时候心灵会变得更加明媚——这就是他天生所具有的品质。他正是以他本人，或者更确切地说是以他最好的一面，在潜移默化中，甚至在水面下的潜流中来感召，而不是通过对于工作和"新生活"的召唤来教导我们。不管怎样，《三姐妹》已经成功地扬起了风帆，准备远航。与成熟时期的契诃夫作品一样，这是一支复调的交响乐。它还是在他爱情最为炙热的时期诞生的：克尼碧尔和爱情在剧中是居于首位的。

*　*　*

"没有人像我一样如此爱你。"这是他在 2 月初从罗马前往俄罗斯之前写给她的。他未必将硬币扔进了特莱威喷泉——总之他此生再也无缘见到罗马了。几天后，他已经身在雅尔塔，又过上了过去的生活：克尼碧尔在莫斯科，他一个人感到寂寞，体验着爱情，总在信中开着玩笑，并在玩笑后隐藏着悲伤。他请求她过来。"我从国外给你带回了很好的香水。快在复活节前一周来这里拿吧。一定要来，亲爱的，好心的，可爱的；如果你不来的话，将会深深地伤害我。我已经开始等待你的到来，一天一天一小时一小时地挨着时间。如果你已经爱上了别人，背叛了我，那也没什么，只是请你过来。听到了吗？可爱的小狗。要知道我爱你，没有你的生活我难以忍受。"

事情就这样发生了。他们两个人都是自由的，这不是与阿维洛娃的那种感情，也不是《带小狗的女人》。他们的关系自然而然地稳定下来。4月份两人进行了一次关于婚姻的谈话。5月，契诃夫抵达莫斯科，显然，他不只是关心结婚的事情。健康状况和结核病也令他担忧。舒洛夫斯基医生"在左右两片肺叶上都找到了钝化的阴影，在肩胛骨的右下方发现一大块斑点，并令他立即前往乌法省接受酸马奶疗法的治疗"。

爱情增强了，疾病也增强了。5月底，他给母亲写信："亲爱的妈妈，祝福我吧，我要结婚了。一切都会像以前一样。我要去喝酸马奶了。"

这几乎是他第一次不称她为"老妈妈"，而是简单地、更真诚地、孩子般地称她为亘古不变的"妈妈"，尽管他认为自己已经上了年纪。

他们几乎是在莫斯科秘密结婚的。没有热闹的人群，没有祝贺，他不喜欢这些。而且确实，他们立即就要去接受酸马奶疗法的治疗，奔向伏尔加河，萨马拉以东的一个叫阿克肖诺沃的地方。

他们在炎热而偏僻的草原上无聊地度过了一个月。安东·帕夫洛维奇喝了不少酸马奶。住在那里的时候，他增加了几磅体重，自我感觉还不错。他还产生了将玛丽亚·帕夫洛夫娜也召唤过来的想法，但没有成功——应当认为她没有来到这个偏僻之地就已经获胜了。安东·帕夫洛维奇和奥莉加·列昂纳尔多夫娜他们自己也在那里待不下去了，大概也在一天天地数着回去的日期。

回来以后的日子也不能说是愉快的。在雅尔塔，安东·帕夫洛维奇的健康状况立即恶化了。（"我喝着酸马奶的时候还不错，甚至体重有所增加，但在雅尔塔，我又虚弱了下来，开始咳嗽，今天甚至有点儿吐血。"）

1901 年 8 月 3 日，他写了一封遗嘱给玛丽亚·帕夫洛夫娜。这封信没有寄出去，而是由奥莉加·列昂纳尔多夫娜保管，后来在契诃夫去世后交给了玛丽亚·帕夫洛夫娜。

遗嘱中的内容是非常详细的，提及契诃夫的所有财产。最主要的几部分——雅尔塔的别墅、存款和来自剧院的收入——都留给了玛丽亚·帕夫洛夫娜。留给妻子的是在古尔祖夫的一栋别墅和五千卢布（很少的一笔钱）。总之将契诃夫的家庭观念都体现了出来：在遗嘱中逐个列举分给每个兄弟、每个侄女多少钱（"如果她出嫁了"），还有给塔甘罗格市进行公共教育的钱（在兄弟们去世后），给某个叫哈尔琴科的女孩交学费，为梅里霍沃村子里的农民交"修路的钱"。结尾也非常符合契诃夫的风格，但是另一种样子的：

接济穷人。照顾好母亲。和睦地生活。

《主教》

美好的感情是自由的；

它缓慢而隐秘地成熟。[1]

——席勒（茹科夫斯基译）

"亲爱的维克多·谢尔盖耶维奇，小说我一定会给你寄去的，只是不要催促我。"契诃夫在1899年12月这样写信给过去的歌剧演员，当时《全民杂志》的编辑和寻神派人士米罗柳波夫。"我会把《主教》给您寄去的。"

一年多过去了。1901年3月，克尼碧尔收到他从雅尔塔寄来的信。"我现在正在写一部叫作"主教"的小说，它已经在我的脑海中萦绕了十五年。"

同年8月，克尼碧尔前往莫斯科，回到剧院。31日，契诃夫给她寄去了一封夹杂着忧伤之情的柔情蜜意的信——他孤身一人很是无聊，就好像被"囚禁在修道院里"一样。在信中他又提到了《主教》这部小说，"……我把它从手提箱里拿出来"，开始写作。十五年前他就开始构思，

---

1 摘自茹科夫斯基翻译成俄文的德国作家席勒的剧作《奥尔良少女》。

大约两年前他答应了米罗柳波夫，而现在他才把它从手提箱里拿出来。要找到写作的时间的确并不容易：客人们从一大早就开始纷纷上门拜访（就像是去"教堂"做早祷）。小说的写作只能在这些女性崇拜者、来自莫斯科的医生和那些想在雅尔塔寻求庇护的结核病患者来访的空隙之间进行。

秋天是悲伤的。他整日里捉老鼠，再将它们放到空地上。不停地害病。在他答应米罗柳波夫两年后的12月，契诃夫写信给他："我不会和'主教'一起欺骗您，我迟早会寄给您的。"

他在1902年2月底将小说发了出去。

他向他道歉——稿子很久以前就完成了，但是要誊抄它并不容易，"总是身体欠佳"。1902年4月，《主教》终于在《全民杂志》的第四期问世。

这个故事并不宏大，大概只有几页那么长。米罗柳波夫可能觉得很奇怪，为什么誊抄这部小说要花上两年的时间？他并不知道这个作品构思了十五年的事情。

也许这真是很奇怪的，但是事实如此。为什么会这样我们不得而知。不管怎样，这部小说的构思一直被深埋在他的心中。这一神秘的生命，具有生命力的结晶一直都未降生于世。只有当契诃夫本人已经足够成熟的时候，这一刻才会到来。因此，他没有在80年代写出《主教》是一件好事：那时他还没有准备好。

艺术家的发展过程便是品位的淬炼，要毫不犹疑地摒弃冗余，遗忘掉年轻时所写的东西——在契诃夫身上这种作家的成长与作为一个人的成长是共同发展的。就像《在峡谷里》一样,《主教》同样凭借契诃夫一生练就的朴实无华的完美境界写就。但是它并非建造,而是创造出来的,也就是说,其中没有凿刻的印记,一切都是有生命力的。一切都是直接的感受,都像是亲身经历过的,虽然谁也不知道他是何时构思的。这部作品看起来像是会让人疲倦和萎靡不振,但事实并非如此。

他是在 1901 年的秋天,在接受酸马奶疗法之后直接开始这部作品的写作的。他曾对酸马奶疗法抱有期待,但试过之后并没有什么效果。他在雅尔塔变得更加虚弱不堪,还写好了遗嘱。当他写完《主教》的时候,克尼碧尔早就已经在莫斯科演出了。

在他的一生中,他的内心一直沿着两条路径,朝着两个不同的方向发展,即便现在也是如此。医生契诃夫的唯物主义在他所置身的文学领域也得到了(左派知识分子的)支持。他理解,当然也看透了高尔基,但仍与他交好,他们一起在艺术剧院的休息室里赢得了荣誉。应该相信进步,在两三百年以后一切都会好起来的。托尔斯泰有着一双过于睿智的双眼,因此无法成为信徒(高尔基语);教会和宗教早就应当被搁置一旁,等等。这就是时代洪流的发展路径,会给顺势者带来名望和荣耀。

高尔基所追求的无外乎此。契诃夫的情况则更加复杂,因为他本身也更加复杂。他热爱名望,但他总是与此保持距离,并有着很好的自控力。最重要的是,他的内心暗藏着另一种特殊的因素。多年以来,在疾病的折磨中,在雅尔塔孤独的沉思中,在临近死亡的体验中("五年"),这一特质逐渐增长,开悟,寻找出路,向他揭示了一些什么,但他无法用理智的语言表述出来。这便是尚未被意识到的高层世界，上帝的国度，它"潜藏在内心"。对于大学时期年轻、健康、脸颊红润的契诃夫来说，这一国度并没有太多地向其敞开；而对于成熟期的契诃夫来说，它却是微微打开的。这就是为什么他在青年时代无法写出《主教》（甚至《大学生》也不是在青年时期写的）。《主教》是成熟的证明，是临死前无意识的豁然开朗的证明。

整个《主教》都充满了这种光芒。在《农民》中这种感情已经表露出来，《在峡谷里》里有丽巴与两个庄稼人相遇之夜的精彩片段。在《主教》中，从叙述的前几页开始，从复活节前星期六的彻夜祈祷一直到最后，都倾注着一种平缓而神秘的彻悟。漫长的彻夜祈祷是由正在生病的主教彼得主持的。在教堂里，一切都是神奇的。人山人海，在烟雾缭绕下所有人的眼睛都闪闪发光。主教似乎感觉，他的母亲，一个普通的女人，教堂执事的遗孀正在向他走来，来取柳枝，他已经九年没见过她了。

> 她的眼睛却一直高兴地瞧着他，脸上现出善意而快活的笑容，后来她就消失在人群中了。不知什么缘故，眼泪在他脸上淌下来。
>
> 泪水在他的脸上、胡子上发亮。于是在他近旁有个人哭起来，随后远处另一个人哭了，后来哭的人越来越多，教堂里渐渐充满轻轻的涕泣声。

哭泣从何而来？为什么每个人都在哭？会发生这样的

事儿吗？但是契诃夫立即采取一种征服和说服别人的语气：是的，那时在潘克拉契耶夫斯基修道院复活节前的彻夜祷告上还有着上层世界，并且它将一直存在于这部神奇的作品的最后，存在于月光照耀下的 4 月的夜晚，存在于对于童年和母亲对他的爱的回忆中，也存在于因无法记起《圣经》中哪里提到了耶户的母驴而感到羞愧的谦卑的西美昂神父身上，存在于主教对自己青年时期"天真的信仰"的回忆中，那时他在宗教游行中捧着圣像走遍各个村子，还存在于主教临死前在星期四举行的彻夜祈祷中，以及几天后朗诵的十二节福音中，主教彼得亲自念诵最长最优美的头一节福音。"现在人子受到尊崇"……并且"他总感到自己精力充沛，朝气蓬勃，十分幸福"，在教堂服务的这些年他一直如此。上层世界还存在于胆怯又害怕他这个主教的母亲对他的爱之中。

周围的生活贫瘠而愚昧，每个人都在主教面前颤颤发抖，这让他十分痛心，而且没有可以说话的人。甚至他自己的母亲，甚至是小外甥女卡佳，一个总是打碎东西，头顶盘起来的发髻像是一个光圈的小女孩—— 一切都在世俗的范围内。但有一种柔和的光均匀地照耀着每个人。

在这个漫长、可怜、罪恶的世界中，我们的主教彼得感觉憋得慌。甚至在病中，他还记得有关童年和国外生活的一切，他曾被派到美丽的南方城市，在那里他过着孤独而优雅的生活，写作学术论文。所有这些都是上层世界的回声。现在死亡终于来了。在复活节前的最后一周他离它越来越近——在复活节前的彻夜祷告时他就感到身体不适（得了肠伤寒）。他的母亲来到主教的房间，他是多么想爱抚她，帮助她和外甥女卡佳，但为时已晚。他瞬间变得憔悴，虚弱，不再感觉自己是个主教和威严的上司，相反，他比所有人都弱小，都无足轻重。

"这多么好啊！"他暗想，"这多么好啊！"

母亲立刻便明白，这就是最后的结局了。

她已经不再记得他是个主教，并像吻一个十分贴心的、至亲的孩子那样吻他了。

"巴甫鲁沙，亲爱的……我的亲人！我的儿子啊！你怎么变成这样啦？巴甫鲁沙，你回答我的话呀！"

他呢，已经一句话也说不出来，什么也不明白了，只觉得自己好像成了一个普通的、平常的人，在田野上兴高采烈而且很快地走着，手里的拐杖敲打着地面，头顶上是广阔的天空，阳光普照。他现在自由了，像鸟一样爱到哪儿去就可以到哪儿去了！

当然，他是在向上帝走去。

* * *

契诃夫关于神职人员的书写是从《草原》中的叙利亚神父赫里斯托福尔开始的，而后是《决斗》中的教堂执事，最后以牧师彼得的形象结束——他本人可能也没有意识到，他对这些神职人员给予了惊人的保护和过多的赞扬，而那个时代风暴的预言者们早已给他们准备好了受难者的桂冠。契诃夫非常了解生活，他并不倾向于片面和伪饰的叙述。事实证明，如果我们看看他对神职人员形象的描绘，会发现里面几乎没有任何的负面形象。

我不知道米罗柳波夫是否明白，契诃夫寄给他的是一件何等珍贵的礼物。我只能说，这部作品在当时并没有被人重视和欣赏。高尔基、安德烈耶夫在那个时代发出了更多喧嚷的声音。但是《主教》并非为了引起喧嚷而写。

这部小说是一部真正的杰作，它细水长流，不慌不忙地建立起来，循序渐进地占据了我们的思想，它流传得越是长久，就越是深刻。就像《圣经》中关于芥菜种的寓言一样："……虽然这原是百种里最小的，但等到长起来，却比各样的菜都大，且成了树，天上的飞鸟都来宿在它的枝上。"

最后的旅行

年龄似乎并不大，但生活已经悄然逝去。日子过得太快了，在他的一生中没有发生过什么大事，但契诃夫是一个早早成熟且加速燃烧自己的人。他比他的实际年龄要大——这一直持续到生命的最后。对于永恒问题——上帝、死亡、命运、死后的世界，成熟既没有带来明确性，也没有给他提供解决的方案。他的思想天然具有双重性，一直到最后也是如此。在雅尔塔时期，当被问及他是否相信灵魂的永生时，他回答说自己不相信。而几天之后，他又坚定不移地说道："永生是事实。请稍等，我会向您证明。"当然，他无法证明两者之中任何一个的正确性，但这不是重点。他只是认为信仰"并非知识分子所本应具有的"。怀有信仰的知识分子让他迷惑不解——那个时代就是如此。

在《主教》之后他开始写作《樱桃园》。编年史家指出了一些琐碎小事：1. 由于高尔基被剥夺名誉院士的资格，契诃夫也放弃了名誉院士的头衔。科罗连科和那个时代的精神吸引了思想并不天真的契诃夫进行了某些示威活动。他与科罗连科一起为高尔基"请愿"，因其院士头衔未得到政府的批准而"愤怒"，对此他发动了一场隐秘而毫不留情的战争。对高尔基来说，能够成为一位名誉院士，即使是在敌人的阵营中也是感觉不错的。（"您认为高尔基会放弃名誉院士吗？您从哪里得到的消息？相反，他显然很高兴。"）2. 契诃夫拜访了当时居住在克里米亚加斯普拉的身患重病的托尔斯泰。在这一时期，契诃夫已经非常敬重他，尽管他还是保留了言论自由——他不喜欢《复活》的结尾，并直接这样说了出来。总的来说，托尔斯泰现在对他来说简直就是西奈半岛。打算去加斯普拉之前他甚至很紧张，着实仔细地穿衣打扮了一番。

但是，当然，所有这些都是次要的。生活本身才是头等重要的，但已时日无多。在他的生命中有着爱与文学。

爱情的状况现在对他来说发展得很奇怪。实际上，他几乎与他的挚爱分离了。他长久孤独地生活在雅尔塔，思念，生病，沉默。在日常生活的琐碎小事中他像个孩子一样服从奥莉加·列昂纳尔多夫娜，一切都按照来自莫斯科的指令行事。对他来说最重要的，是他何时可以到她那里，到莫斯科去。《三姐妹》已经写好了，早已在舞台上上演，但是"到莫斯科去，到莫斯科去"的呼喊还在长久地回荡——不是对于三姐妹，而是对于他自己来说。

奥莉加·列昂纳尔多夫娜感觉到了这一点，有时她也感到很内疚。"亲爱的，你说你的良心在折磨着你，因为你不在雅尔塔与我住在一起，而是在莫斯科。怎么能这样呢，亲爱的？你好好地考虑一下：如果你整个冬天都与我一起住在雅尔塔，那么你的生活将会被毁掉，我也会受到良心的谴责……"（而他现在的生活已经毁了，他却是无所谓的。总之这就是契诃夫一贯的风格：躲到一边，竖起大衣领子；他像是在凑合着过活，只要她生活得好就行。）

这封信中的温情令人感动。"3月份，我们又将能够一起生活，我们又将不会感到眼下的孤独。静下心来，亲爱的，不要担心，但请耐心等待。怀有期待，仅此而已。"（仿佛母亲的精神气质以丰富而复杂的天性折射出来，以朴实可信的爱的语言激励着他。）他想去意大利。"我们能够共同度过的时日所剩无多，青春将在两三年内消逝（如果仍然可以称其为青春的话）"，这是他在1903年1月写下的。不只是"青春"，生命本身也只剩下一年半的时间了。

也许是因为他爱她并总是对她如此温柔，奥莉加·列昂纳尔多夫娜认为他的性格很好。他不同意这一点。"你写道，你羡慕我的性格。我必须告诉你，我天生性格苛刻，脾气暴躁，等等，但是我习惯于克制自己"，这对于那些不了解契诃夫的人来说是一个有趣的自白，而对于那些仔细审视他的生活的人来说则有些意外——但不足为奇。毕竟，他是帕维尔·叶戈洛维奇的儿子，他的祖父是"一位暴躁的农奴管家"。这是一方面。另一方面，在他短暂的一生中，他一直在鞭策自己，他辛勤地用心钻研自己的写作（这就是为什么他的写作一直在提升），辛勤地在梅里霍沃的花园里种地，辛勤地与愚昧无知、疾病和流行病做斗争。现在这一切都无法再做下去了。然而，一些习惯还在延续：甚至是在雅尔塔，当他重病在身、疲惫不堪、时常烦躁不安的时候，他还在为那些结核病人操劳，还在担忧雅尔塔的疗养院和塔甘罗格的图书馆。他给那里的一位名为伊奥尔丹诺夫的人写了多少封信，寄了多少本书，给自己平添了多少麻烦！

正是当下，在生命的日落之时，心脏的跳动也许才会变得异常猛烈。无论奥莉加·列昂纳尔多夫娜做了多少努力，无论她多么愧疚自责，也总是无法改变这一明显的对比关系：她年轻，健康，充满着迷人的魅力；安东·帕夫洛维奇即使名满天下，却已然是半个残废。"你已经是个残疾人了。"奥斯特罗乌莫夫医生在做了检查和听诊之后，凭借自己敏锐的智慧告诉他，并建议他冬天住在莫斯科的郊区，而不是雅尔塔。

他有时会不顾劝阻跑到莫斯科，而且总是在冬天。这导致他不得不待在家里不出门，或者是去哪儿都寸步离不开马车。在这里，他与妻子的差异同样很大。

晚上，他正待在自己莫斯科的公寓里。来此做客的是谢普金娜-库佩尔尼克，他的这位教母一如既往地活泼开朗，就像她以前在梅里霍沃时一样。奥莉加·列昂纳尔多夫娜正准备去音乐会，那里有朗诵活动。聂米罗维奇身着燕尾服，系着白色领带，留着半圆形的胡须，坐着马车来接她。她也穿上了舞会的裙子，紧张兴奋而又芳香四溢——安东·帕夫洛维奇不时地咳嗽几声，朝着一个橡胶袋子里吐痰。奥莉加·列昂纳尔多夫娜对他画十字祝福，亲吻他的额头。聂米罗维奇将她带走了。谢普金娜继续着谈话。契诃夫应答着，好像证明他是在场的，而后突然"与前话没有任何关联地"说了一句：

"看来，教母，我是该死掉了。"

* * *

《主教》不是契诃夫最后的作品。他还写了一部苍白的《新娘》——也是给那位米罗柳波夫和《全民杂志》写的。还有最终的一部作品《樱桃园》。

1903年的秋天，剧本写得异常艰难，几乎是非常痛苦的。这个故事不紧不慢地在他的头脑中生根发芽（契诃夫很早以前就想到了这个主题——他仿佛看到开花的樱桃树的枝条闯进了敞开的窗口），然后又开始延伸出其他的主题，成为一部真正的告别之作。当然，所有这些都不是凭空臆造的，而是有机联系的，从内心深处自发产生的。安东·帕夫洛维奇的生命结束了，整个一个时代结束了，一切都位于通向新世界的门槛上。新世界将是什么样子的，当时的任何人都无法预见到，但是所有旧世界里的人——那些糊里糊涂、无忧无虑并创造了19世纪俄罗斯历史的贵族知识分子都已行将末落，这一点许多人都感觉到了。契诃夫也感觉到了。他也预感到了自己的结局。

他本人并不属于樱桃园那种贵族庄园的生活，但是早在巴布金诺和基谢廖夫时代，他便呼吸到了那种空气。他作为租客在那里住了三个夏天，听到了许多有关抵押房产、交付利息、由于债务而不得不出售房产，以及如何赚钱的谈话。在《樱桃园》的结尾加耶夫即将去工作的银行便位于卡卢加，他从巴布金诺离开后便去了那里。

契诃夫称自己这部剧是一部喜剧（"有些地方甚至是一场闹剧，我生怕我会挨涅米罗维奇－丹钦科的责备"）。总之，他关于《樱桃园》的看法是令人惊讶的："最后一幕会很欢乐，而且总之整出戏都是欢乐的，轻浮的。"当然，他不喜欢庄严的姿态，但是在这里，他对这一姿态的反对达到了极限。

在角色的分配上他也奇怪地迷失了方向。他建议罗巴辛由斯坦尼斯拉夫斯基来扮演，加耶夫由维什涅夫斯基扮演。出色地饰演叶比霍多夫的莫斯克温，当时按照契诃夫的观点，应该去扮演雅沙（一个年轻的仆人——根本不合适）。他写信给奥莉加·列昂纳尔多夫娜："你的角色——是一个十足的蠢货。你想演傻瓜吗？一个善良的傻瓜（瓦利娅根本不是傻瓜）。"

最后，克尼碧尔扮演了郎涅夫斯卡雅，而不是瓦利娅。瓦利娅的扮演者，正好有一位莉琳娜，是非常合适的人选。还有加耶夫，感谢上帝，没有按照契诃夫的建议分配给维什涅夫斯基，而是让斯坦尼斯拉夫斯基来扮演。罗巴辛是由他们那里的一位新演员列昂尼多夫扮演的，契诃夫对此人并不满意。

契诃夫对于角色本身的态度也颇为怪异。例如，他认为一切都取决于罗巴辛。他要求他一定要穿着白色背心和黄色鞋子，他坚信如果罗巴辛演砸了，那么整出戏都会失败。

我认为，关键在于剧本本身具有某种双重性。其中既富有高超的艺术性，也有时隐时现的某些意图。

意图就是要谴责放荡而懒惰的地主老爷派头——这是一项有着充分理由的任务，但是只在罗巴辛和一个乏味而可笑的大学生的帮助下是难以实现的。那些本应受到谴责的人物却比批判者塑造得更为鲜明和生动，写得轻松愉悦而令人信服。作者本人隐秘的同情帮助他们摆脱了困境，尽管他坚持着自己的判断和思考，还是重弹老调：应该去工作，开始新生活等。

虽说罗巴辛这个人物没有成功，但戏剧的演出也没有失败。无论哪个演员扮演他，无论他穿什么样的背心，都很难将这半个蛮横之人，半个"契诃夫式"的人物，将打算建立新生活，并以契诃夫一贯的方式不会向瓦利娅表达爱意的罗巴辛塑造出来。樱桃园不会被这样的罗巴辛砍伐。而"欢乐的"最后一幕也没有演出来。但是郎涅夫斯卡雅、加耶夫、叶比霍多夫、西米奥诺夫·皮希克、费尔斯，特别是家庭女教师夏洛蒂都演得非常出色，就好像是上帝将这些人物放在了他的心中。

总的来说，这是一部关于离别的戏。就像在《三姐妹》中一样，忧郁是不可避免的。人人都明白这一点——当然，契诃夫也明白。但是他假装自己所写的是"轻浮的"东西。

剧院总是催促他。他们希望将这部剧本尽快搬上舞台。他拖延了许久。疾病严重干扰了他的写作进程。"我差不多写完了，但是八到十天前我病了，开始咳嗽，变得虚弱，总之，去年的过程又开始了。现在，也就是今天，天气暖和起来，我的身体也似乎好些了，但是我仍然没法写作，因为头疼。"（给莉琳娜的信）

奥莉加·列昂纳尔多夫娜郁郁寡欢地从莫斯科写信给他（"孤独和不被他人所需要使我感到恐惧"）。尽管头痛，他还是鼓励她"一定要坚强"。但仍然，仍然……在写到戏剧结尾的时候是怎样的一种心情呀！"心上人，我写这个剧本是多么困难呀！告诉维什涅夫斯基，让他给我找一个税务员的职位。"

10月中旬，他将剧本寄往莫斯科。他本人于12月（1903年）也抵达了莫斯科。

那是一个真正的莫斯科的冬天，风雪交加，天寒地冻，马车和车夫在大街上穿梭，雪地上到处都是车辙。人们在位于清塘大街的捷列绍夫公寓的前厅脱下衣服，甩掉羊羔皮或海狸皮领子上的雪花。尼古拉·德米特里耶维奇热情地欢迎大家的到来。"你好，列昂尼德！""怎么样，谢尔格伊奇？"按照莫斯科的习俗，几乎所有人都相互接吻了。这次比平常的"星期三文学小组"聚会来的人更多：他们在等待契诃夫的到来。

我不记得他们那天晚上都读了些什么。我不记得在场的都有哪些作家——可能有列昂尼德·安德列耶夫、布宁和韦列萨耶夫、季姆科夫斯基和别洛乌索夫，还有其他一些人。契诃夫在晚餐前，而不是朗诵前赶来，已经十分晚了。当奥莉加·列昂纳尔多夫娜出现在门口时，我们正簇拥着聚在一起，准备坐到摆满伏特加、葡萄酒、各种蘑菇、鱼子酱、干咸鱼脊肉、香肠的长餐桌旁。她搀扶着安东·帕夫洛维奇。这三年来他的变化有多大呀！在雅尔塔，虽说他也不是很强壮，但还是能到城市花园里走走，在餐桌旁喝点红酒，在海边散散步的。

他低声打了声招呼，他的脸色灰暗发青，胸膛凹陷，坐在桌子的中央，桌子上的一切对他来说都不适合。他几乎什么都没吃，也几乎没说什么话。在 1888 年，契诃夫写过一篇关于普列谢耶夫在林特瓦列夫家做客的文章，说着列谢耶夫就像一幅圣像，人们因为他的年迈而向他祈祷，并把他安置在显灵的神像旁。

现在契诃夫已经四十四岁了——按照现今的观点他几乎还是个年轻人，但是按照当时的看法已经完全成熟了。疾病赋予了他老迈的印记。并不是说他上了年纪，而是他给人一种已经远离生活的感觉。还有奥莉加·列昂纳尔多夫娜扶着他进来的方式，所有人都恭敬地让出路，让他安坐在最尊贵的位置——所有这些都说明他是一尊被带到捷列绍夫家的文学圣像。只是没有必要让他站在显灵的神像旁，这一点他与普列谢耶夫是不同的。他自己对自己负责。

这就是契诃夫前来参加我们"星期三文学小组"聚会时的样子，他沉默寡言，无精打采，头比其他人都要高出一截，好像他本人已经不在此处，已经触碰到了别的地域。而在周围则是满桌子的伏特加酒、蘑菇、鲟鱼和蛋黄酱，正在进行着一场插科打诨的欢乐聚会。

也许他对谁说了几句话。但是对我来说，他一直是沉默不语的，他到了那里，坐下，然后很快就像他出现时一样默默地离开了。

1月17日，在他生日的那天，《樱桃园》在艺术剧院首演。他们把首演正好安排在了这一天——也许并不太合时宜。为了纪念他的文学创作二十五周年，他们还在剧院安排了庆祝活动。一切活动都进行得庄严而隆重，就像是一场葬礼。疲惫的契诃夫几乎快坚持不住了，但还是挺到了最后。我认为这一切都太令人痛心了。看起来就像是莫斯科在跟他告别。

* * *

他对待自己的死亡就像对待疾病一样，有着坚忍不拔的态度。他变得消瘦、虚弱、呼吸急促。他再次去了雅尔塔，一直在那里待到5月。5月底，捷列绍夫在去德国之前在莫斯科见到了他，他感到十分震惊：安东·帕夫洛维奇变得形容枯槁，面无血色，虚弱无力。对于自己的情况他直接说道："我快要死了。"并向他在"星期三文学小组"上见到的那些莫斯科作家致以问候。

"我不会再见其他人了。"

捷列绍夫对他来说不是一个亲近之人。也许也正是因此，他对捷列绍夫所说的话很直接。而对于那些真正亲近的人——玛丽亚·帕夫洛夫娜和母亲，他则没有说过这些话。甚至在国外，在他快要去世的前夕，他还是一如既往朝气蓬勃地给她们写信。（"健康不是慢慢进入我的身体，而是快速地使我康复"，他喜欢这种幽默的表达方式，在他写于巴登威勒的信件中经常出现这种用词，而且不只出现在写给亲人们的信件中。）

巴登威勒位于黑森林，是离瑞士不远的一处度假胜地。契诃夫在安闲的寂静中，在绿色植物的映衬下度过了生命中的最后一个 6 月。那是一个非常炎热的夏天。他闷得喘不过气来。

他被肺气肿、呼吸困难所折磨，心脏也变得虚弱。他很痛苦，并总是想要离开此地。"我被意大利深深地吸引。"在生命还剩下两个星期的时候，他还如此给妹妹玛莎写信。一位俄罗斯作家，如此纯粹的俄罗斯人在去世前还在被意大利所吸引，想要死在意大利的土地上！他还有其他一些计划，都非常地异想天开（以他当时的体力来看）：从的里雅斯特坐船出发，经过希腊和阿索斯山（他一直想去阿索斯山），回到他在雅尔塔的家。但是到处都十分炎热，这使他停下脚步。死亡以如他所愿的方式降临：这发生在

7 月的一个夜晚。拂晓前，他的心脏病发作。他意识到它来了。他按照医生的吩咐喝了一杯香槟酒，转过身去面对着墙，低声对医生说：

"我要死了。"[1]

然后他便溘然长逝。

* * *

7 月初，在莫斯科上空金色和淡蓝色的朝阳中，一名车夫将我们从阿尔巴特大街载到了尼古拉耶夫斯基火车站。他缓慢地驾驶马车登上克里姆林宫的圣三一门，穿过库塔菲亚塔。马儿慢步小跑着经过伊凡大帝建造的圣瓦西里大教堂和楚多夫修道院，到达尼古拉塔楼的出口。马车的轮箍嘎吱作响，我和妻子安静地坐着，眼睛都是红红的。我们这是在前往尼古拉耶夫斯基火车站去接回契诃夫的灵柩。

这一切都是多么谦虚朴素！马车本身，被鞭子驱赶的马，先是尼古拉大街，然后是建有色彩缤纷的教堂和低矮建筑的米亚斯尼茨卡亚大街，鹅卵石路面，迎面奔来的一辆辆马车，还有使我们与辉煌的圣彼得堡相连的尼古拉耶夫斯基火车站本身。

但是，也许契诃夫本来就期待这样的葬礼。他回到故乡，像往常一样没有隆重的形式，简朴、自然和美好，就像他本人一样。

来到车站迎接他的有普通的俄罗斯人、大学生、贵族

---

1 原文为德语（Ich sterbe）。

小姐以及眼里流着泪水的年轻女士，没有将军和警察局长，没有工厂主和银行家。在场的有知识分子和一些长者，都是那些单纯爱着他的人。

现在我仍然记得，当我们把棺材从尼古拉耶夫斯基火车站抬到广场上时，我扶着棺材的感觉。人们先是用双臂抬着，而后将他放到了灵车上。人群很有秩序。当我们沿着狭窄的多姆尼科夫斯卡亚街向前走时，一名醉醺醺的、饱经风霜的裁缝从地下室朝人行道边敞开的窗口探出头来，问道："这是在给将军送葬吗？"——"不，是作家。""作——家！"

路途很长，要穿过整个莫斯科到达新圣女修道院，帕维尔·叶戈洛维奇的墓地之处。

这一天也像是一次漫长的、临别的旅程，但也是光明的，仿佛是使人净化的旅程——悲伤本身使我们变得澄净。

在艺术剧院举行了祷告仪式。在其他一些地方也进行了祷告仪式。一切进行得很缓慢，但却显得十分庄重。先是阳光明媚，然后乌云聚集，下起了雨，雨不大，很快就过去了。新圣女修道院里的草木闪闪发光，钟声敲响。

乌云在天空中飘散，水滴从树上、从天空中纷纷滴落，一道孔雀图案的彩虹穿过乌云，教堂的圆顶闪着金光，十字架闪闪发光，燕子划破天空高翔而过，坟墓，人群——这就是契诃夫从我们这里离去的画面。他在新圣女修道院得到了安息，他离开了诊所，他终于康复，谦逊地站在修道院的墙边，倾听着新圣女公墓修女们的祷告和歌声。

1954 年 1 月

各章补充与杂记

遥远的年代

叶甫盖尼娅·雅科夫列夫娜父亲的名字是亚科夫·格拉西莫维奇·莫罗佐夫。就像他的父亲格拉西姆·尼基季奇一样，他在坦波夫省的莫尔尚斯克山区贩卖布匹。他的经营状况很差，后来破产了，并且"在某位菲京戈夫男爵的推荐下"，他成为帕普科夫将军在塔甘罗格附近开办的一家制布厂呢料部的代销人。他将自己的妻子亚历山德拉·伊凡诺夫娜和两个女儿——费多西娅和叶甫盖尼娅，也就是未来的契诃夫的母亲，留在了弗拉基米尔省舒亚城的妻姐那里。1847年，亚科夫·格拉西莫维奇在新切尔卡斯克突然死于霍乱。而在舒亚，妻姐的房子在大火中被烧毁了。亚历山德拉·伊凡诺夫娜和她的孩子们几乎无家可归，要流落街头了。她决定前往南方寻找丈夫的坟墓，并得到他遗留的财产。他们不得不乘马车几乎穿越了大半个的俄罗斯大地。她来到当地，坟墓或是财产她都没有找到，而是住进了塔甘罗格的帕普科夫将军家——大概是这位将军"出于怜悯"收留了她。因此，小时候的叶甫盖尼娅·雅科夫列夫娜遭遇了很多不愉快的事情。也许，她温顺的性格能够使她生活得稍微轻松一些——谦卑显然是她天生的特质。

她的妹妹费多西娅·雅科夫列夫娜在这方面也很像她——按照安东·帕夫洛维奇的说法，他的姨母是一位"圣人"。她也在塔甘罗格成婚，与售卖"红色商品"的商人多尔任科结为夫妇。

医生契诃夫

契诃夫与列维坦之间的亲密关系是很早就建立了的——列维坦是契诃夫的哥哥尼古拉·帕夫洛维奇·契诃夫在绘画和雕塑学院的同学。

在巴布金诺，当列维坦深陷神经衰弱的忧愁时，是契诃夫拉着他出来散步，逗他开心，使他摆脱了忧郁的情绪。后来，在1895年7月，在雷宾斯克-博洛戈耶铁路沿线的图尔昌宁诺娃庄园，他在自杀未遂后接受治疗（契诃夫从梅里霍沃来此待了一周）。再后来，在1897年的春天，契诃夫听诊了他的心脏："很糟糕，他的心脏不是在跳动，而是在吹气。"他还写下了"早期杂音"的诊断——今天的医生看到这一术语一定会发笑。列维坦对他非常友善，几乎是很亲切。（在"可爱的，亲爱的……"这封信中，在契诃夫遇到困难的时候，他从富翁莫罗佐夫那里借钱给他。）契诃夫的小说《跳来跳去的女人》所引起的风波非常悲伤地割裂了两人的友谊——小说中将列维坦与某位库夫申尼科娃（医生的妻子，一位业余女画家）的关系描述得过分亲昵。契诃夫在这件事上做得不够周全，并且看来他并不认为自己犯了错。（"我的一位朋友，一位四十二岁的女士，在我的《跳来跳去的女人》中二十岁的女主人公身上认出了自己，并向整个莫斯科文学界指责我对她的诋毁。主要的证据只是外在的相似之处：这位女士也画画，她的丈夫也是一名医生，她与一名画家同居。"）

世纪之初的著名艺术评论家谢尔盖·格拉戈利对这三个人都非常了解，他告诉我，在契诃夫的《跳来跳去的女人》问世以后，库夫申尼科夫一家甚至与其绝交。但是契诃夫与列维坦的关系在后来得以恢复。两者的相处是非常和谐的。使两人相互接近的，当然是一种与生俱来的忧郁以及艺术上的质朴、真实。在列维坦身上有着某种契诃夫的影子，而列维坦也在以某种方式回馈着契诃夫。从年轻时起，我们就将契诃夫与列维坦联系在一起——这是很自然的。在契诃夫位于雅尔塔的办公室的壁炉上方看到列维坦的风景画也是很自然的——傍晚的草地，干草垛，月亮升起来，一切都浸透在柔和的雾色中。

1891年春天，契诃夫在参观沙龙时从巴黎致信玛丽亚·帕夫洛夫娜："与我昨天看到的那些当地的风景画家相比，列维坦简直是绘画之王。"但是欧洲却是不接受列维坦的。契诃夫在欧洲备受赞誉，但列维坦在这里却几乎不为人所知，尽管他是一位真正的印象派画家，也几乎是与契诃夫具有相同精神气质的兄弟。但是他的风景画的"灵魂"并不适合西方。列维坦在技艺和笔法上是否与西方的艺术家相去甚远？绘画是比文学更注重形式的一种艺术吗？或是巴黎在世界绘画中的至高地位是否属实，并且这种评价并不附带情感倾向？（契诃夫的主要名望并不是由法国人创造的。）无论如何，列维坦在西方并没有受到重视。

在契诃夫90年代末的信件中总是对列维坦的健康状况感到担忧。这种担忧是有理由的：1900年的8月，列维坦去世了。

重返梅里霍沃

契诃夫对托尔斯泰，对他的写作和个人的评论都是独立和直接的，这两方面并不总是吻合，但总是很有趣。

阿·尼·普列谢耶夫不喜欢《克莱采奏鸣曲》。作为作家的契诃夫为托尔斯泰辩护道："我不会说这是一部天才的不朽之作——我不是法官，无法对此评判，但是在我看来，在当下国内外所创作的大量著作中，无论是在构思的重要性还是完成的美感上来说都很难找到能与之相媲美的作品。"但是在这里，作为医生的契诃夫对托尔斯泰则颇为不满。"他关于梅毒、孤儿院、妇女对交媾的憎恶的见解不仅会受到异议，而且还会直接暴露出他是一个愚昧无知的人，他在漫长的一生中都没有抽时间去看看专业人士所写的两三本书。"在萨哈林岛之行以后，契诃夫则完全对《克莱采奏鸣曲》失去了兴趣。对于该作品《后记》的回应更是尖锐至极。

当然，对于《战争与和平》契诃夫完全持有另一种看法，但是也没有盲目地崇拜。"每次夜里醒来时，我都要读一读《战争与和平》，每次阅读时我都带有一种新鲜的好奇和天真的惊讶之感，就像是第一次读它一样。这本书写得太棒了。"只是有拿破仑出现的地方（"牵强附会"，"耍把戏"）他不是很喜欢。"皮埃尔、安德烈公爵或完全微不足道的尼古拉·罗斯托夫所说和所做的一切——则都是美好、睿智、自然和动人的。"

"我正在读屠格涅夫。十分美妙动人，但与托尔斯泰相比便浅薄了一些！我认为托尔斯泰是永远不会过时的。语言会渐渐陈旧，但他会永葆青春。"（1893 年）

从 1894 年契诃夫写给苏沃林的一封信中可以明显看出，他曾在一段时间受到托尔斯泰哲学的影响，并且恰好是在他的年轻年代。而现在，他似乎正在竭力摆脱它。"托尔斯泰的哲学深深打动了我，曾掌控我六七年之久，它不是以我之前就知晓的基本原理作用于我，而是以托尔斯泰独有的表达和审慎方式，甚至可能以某种催眠术作用于我。现在我内心的什么正在提出抗议。""托尔斯泰已经飘然而去，他已不在我的心灵中，从我这里离开了，并说：我给你留下了一座空房子。现在，再没有谁占据我的心灵了。"

契诃夫对未来的判断是错误的。一年后的 1895 年 8 月，他在托尔斯泰的雅斯纳亚·波良纳庄园待了一天半。交流又开始了，而这次持续的时间很长。"我对这一次交流的印象很好。我感觉很轻松，就像在自己家里一样，我与列夫·尼古拉耶维奇的对话也是毫无拘束的。"

"托尔斯泰的女儿们很可爱。她们崇拜自己的父亲，狂热地信仰他。这就证明托尔斯泰确实是一股强大的道德力量，因为如果托尔斯泰不是待人诚恳，或并非无可指摘，那么他的女儿们便会首先质疑他——女儿们同样都是老麻雀，她们是不会上谷糠的当的。"

契诃夫开始与托尔斯泰交往。那种之前来自书本的"催眠术"现在正从托尔斯泰本人的身上散发出来。

"在我的一生中，我从没有像尊敬列夫·尼古拉耶维奇那样深切地，甚至可以说是忘我地去敬重一个人。"而托尔斯泰对契诃夫也很是喜欢。在他与契诃夫关系中的某些方面甚至让人感到颇为意外。对人亲切并不是托尔斯泰的特质，但他对契诃夫的态度几乎可以说是温柔的。总的来说，契诃夫以某种方式让他激动不已：《宝贝儿》这部小说他给客人们朗读了四个晚上，简直是怎么读也读不够。他还去狩猎俱乐部看了契诃夫的《熊》和《婚礼》这两个独幕剧——并在剧场像个孩子一样开怀大笑。

"我非常热爱托尔斯泰。"（1899 年）"我了解托尔斯泰，我想我非常了解他，甚至理解他的每个细微表情的含义……""我担心他有个三长两短。一旦托尔斯泰去世，我的生活中会留下一个巨大的空白点。首先，我没有像崇敬他那样崇敬任何一个人；我是一个没有信仰的人，但在世上所有的信仰中，我认为离我的心灵最近的，最适合自己的恰恰是他的信仰。其次，当文坛有托尔斯泰时，那么成为一名作家是既容易又愉快的事情，甚至即使意识到自己没有写过任何出色的作品，并且也写不出什么伟大的作品也不会感到害怕，因为托尔斯泰替每个人都写了。"（1900 年）《在峡谷里》和《主教》的作者说自己"没有写出过任何出色的作品"——给我们所有作家都上了谦虚的一课。

他在谈到托尔斯泰的作品时仍然秉持一直以来的独立

性："托尔斯泰写了一本关于艺术的书。""他的想法并不新鲜；古往今来所有睿智的老者都曾以各种论调重复这些观点。""所有的老者都总是倾向于看到世界的尽头，并说道德已经沦丧，还有艺术变得越来越微不足道了，枯竭了……"（1897年）"这都是陈词滥调。"

关于《复活》，他写道："这是一件奇妙的艺术作品。"但是他谴责了结局——"这个故事没有结尾"。他还阅读了被审查机关删掉的部分。他是如何看待托尔斯泰对于宗教礼仪的嘲笑的呢？他是否会以高尔基或是《主教》中的彼得主教大人的眼光来审视这一切呢？

1902年初，托尔斯泰在克里米亚病倒了。"托尔斯泰的情况很糟糕，他患有心绞痛，还伴有胸膜炎和肺炎。也许，在收到这封信之前，您就已经获知了他的死讯。我很悲伤，心情忧郁。"

契诃夫错了。托尔斯泰挺了过去，并活过了契诃夫。

但他对待托尔斯泰的病情就像是对待自己的亲人生病一样。"折磨人的、焦急期待的情绪持续了两天，然后通过电话传来消息：'肺部病情没有进一步发展，出现转机。'"契诃夫不喜欢散布消息，但是当托尔斯泰的病情开始好转时，在他少量的关于托尔斯泰的记述里总能感到他内心的快乐。"老爷爷正在恢复，已经可以坐着了，心情愉悦。"

但仍然——契诃夫认为托尔斯泰为冯·波伦茨长篇小说所写的序言是"粗鲁的和不恰当的苛责"——他的文学品位在任何人面前都毫不妥协。托尔斯泰本人和他的整个仪态，他都非常喜欢，都唤起他的一种崇拜感。这是唯一一个让他自下而上仰视的人。在克里米亚的时候他们经

常见面。"我只怕托尔斯泰。"（布宁关于契诃夫的回忆录）

"毕竟是他描写了安娜自己的感觉，让人们看到了她的眼睛在黑暗中的闪光！我真的很害怕他——他笑着说，似乎对这种畏惧感到高兴。"

有一次，他花了将近一个小时的时间来决定穿哪条裤子去见托尔斯泰。他摘下夹鼻眼镜，使自己变年轻了一些，并且一反往常的装束习惯，认真地开着玩笑，试穿一条又一条裤子从卧室里走出来。

"不行，这条太瘦了，很不体面。他会认为：定是一个蹩脚作家！"然后他换上另一条裤子，又笑着走出来：

"这条宽松得像黑海！他会想：真是个无赖汉。"

雅尔塔

"你写信说'不要卖给出版商马克斯'，而从彼得堡发来电报'协议已经公证后签署'。我所做的这笔交易似乎是不合算的，可能将来也是如此，但它的好处是，解绑了我的双手。"

忠实的"玛莎"，妹妹玛丽亚·帕夫洛夫娜准确地评价过：他真正的荣耀在未来。不应该将自己与这个马克斯联系起来。安东·帕夫洛维奇也明白这一点，但他想喘口气休息一下。

这套书的成功是巨大的。很快所有人都清楚，马克斯在这里稳赚了一大笔。高尔基给契诃夫写了一封信，建议他撕毁合同，将预付款退还给马克斯，支付违约金，并将全集转到《知识》出版社出版（高尔基成立的新出版社）——以不可相提并论的优越条件。他与安德列耶夫一起起草了俄罗斯作家、科学家和公众人物致马克斯的一封信，要求后者解除与契诃夫签订的合同，并将此事恰好安排在契诃夫创作二十五周年之际。尼·德·捷列绍夫在自己的回忆录中引用了这封信的内容。这封信写得十分平和、礼貌，并没有触犯马克斯。主要考虑的因素是获得的利润要比预期的多得多，契诃夫需要休息和物质保障，等等。

他们已经收集了很多签名，但是契诃夫不允许将这封信发出去。（"如果我的卖价太低，那就意味着所有这些事情都是我自己的过错：我做了件蠢事。而马克斯对他人的愚蠢是不应该负什么责任的。"）契诃夫一如既往地仍然是契诃夫。他可能会犯错，但他依旧还是契诃夫。

关于爱情：克尼碧尔

女作家、小说家莉季娅·阿列克谢耶夫娜·阿维洛娃出生于 1865 年，卒于 1943 年。她于 1889 年在她的姐夫、《彼得堡报》的主编谢·尼·胡杰科夫的家里与契诃夫相识。她在回忆录中讲述了契诃夫以及他与自己的恋情——这是一段对她来说十分艰难和以失败告终的恋情（她已婚，是孩子的母亲）。契诃夫写给她的信也许还没有完全公开。从她的单方面叙述中尚无法得知他内心的真实轨迹（除了她对于契诃夫感情冷漠和他只是一个作家的责备）。

类似的情况还有，他给一位同样不成功的女作家沙夫洛娃也写了不少信，两人之间保持着长期的通信，但关于他们的关系单从信件中也是难以判定的。

与阿维洛娃的书信往来中最为有趣的部分是文学建议。他给阿维洛娃，还有沙夫洛娃都提出了许多建议。

"这个故事很好，甚至是非常好的……"但随后的话却没有那么令人高兴："首先是结构。应该直接以下面的话作为开头：'他走近窗户……'等等。为什么主人公和索尼娅不应该在走廊里交谈，而应在涅瓦大街上，为什么他们的谈话应当从中间的地方开始转述……"（他的一贯作风是：减缩。他非常合理地认为，文学艺术的一半技艺都体现在缩减的能力上。）

"其次，杜尼娅这个角色应该是个男人。第三，对于索尼娅的描述应该更多一些。第四，主人公们的身份是大学生和补习老师是没有必要的——已经过时了。让男主人公成为税收部门的公务员吧，让杜尼娅做个军官，怎么样……去掉'完美理想'和'冲动'这两个词。"

阿维洛娃有些生气。契诃夫不得不把语气缓和下来。"我担心我的批评既刻薄，又模糊肤浅。我再说一遍，您的故事很好。""不需要再加上什么军官了，上帝与您同在——我妥协，让杜尼娅保留原样吧，但是请擦干她的眼泪，再给她扑点粉。"关于她的另一个故事："这只是我作为一名读者的建议：当您描绘不幸和平庸的人，并想博得读者的同情时，请尽量冷酷一些——这给予别人的痛苦以背景，会使他的痛苦更加得以凸显。否则在您的小说里主人公哭哭啼啼，您也在唉声叹气。是的，一定要冷酷起来。"（1892年）

这也是契诃夫艺术创作的基础准则之一。让作者隐藏在从属者的背后。既不让作品落入多愁善感的俗套之中，最好又能对其进行引起人们感动的描绘。在这一点上他与女性写作者之间总是有冲突的，她们的写作中总是有着许多的省略号、眼泪、冗长的累赘话，或是堆砌形容词的句子。（这是廉价小说的主要特点。契诃夫孤独地在 19 世纪坚持自己的写作原则。）

阿维洛娃在文学方面没少受到他的指责。事实证明，1895 年出版的她的小说《权力》是一个不错的故事，但是……"如果您描绘的不是地方自治局的长官，而是一个地主，那就更好了。""《致天使日》，这不是一篇小说，而是一件物品，且是一个庞然大物。您堆积了整整一座山的细节，而这座山遮挡住了阳光。"

"你不注重遣词造句；而这是必须要注意的——这就是艺术性的所在。应当丢弃多余的东西，删掉像是'随着事态的发展''在……帮助下'这样的短语，应当关注其音乐性。"这是在俄罗斯几乎只有乌鲁索夫知道（并赏识）福楼拜的时候写下的。

契诃夫散文的音乐性和节奏性无可争议。在语言方面，他本人也会犯一些小错误，但是他在语言文字上有着某种韵律感。

散文的韵律这一问题还没有被研究过，在不同的作家笔下韵律是不同的，并且非常复杂，比研究诗歌的韵律难度更大。音调赋予每个散文作家以自己的独特之处。现在是时候研究一下散文了。安德烈·别雷研究了诗歌的节奏，但绕开了散文。他本人有时会写出纳入诗歌韵律范畴之内的散文，也就是说，他对文本施加了暴力。在契诃夫的笔下所写出的正是散文，而不是伪装的诗歌。

阿维洛娃的散文并不比《欧洲邮报》和《俄罗斯思想》的水平更高。但是她写了一部还不错的关于契诃夫的回忆录——似乎还是展现出了他的教导的影响。

当契诃夫把他全集的版权卖给马克斯时，阿维洛娃给了他很大的帮助，她在报纸上找到了一些契诃夫很早之前发表的故事，抄写下来，寄到雅尔塔去。在此事中她表现出了一位女性谦卑的崇拜——为其效劳。

《主教》

谁是契诃夫的小说《主教》中主教彼得的原型人物，尚不完全清楚。米·帕·契诃夫（作家的弟弟）指向主教谢尔盖。（住在库德林花园大街科尔涅耶夫家里的莫斯科大学学生，在家出家的谢·阿·彼得罗夫是契诃夫一家的老熟人。安东·帕夫洛维奇对他怀有尊敬和爱戴之情——这可以从他们不是特别有趣，但延续了一生的通信中看到。）

谢尔盖主教出生于1864年，1891年大学毕业，一年后成为修士。1899年，他已经成为主教，先是在比斯克，然后是在鄂木斯克、科甫诺任职，在1913年又成为苏呼米区的主教。米哈伊尔·契诃夫强调，谢尔盖主教"撞上了主教生活的阴暗面"，"被疏离"，"被放逐到高加索的一个偏远修道院中退休"（米哈伊尔·契诃夫关于哥哥的回忆录于1923年出版）。所有这些都使人想起了苏联风格：苏呼米的主教一点儿也不比赫尔松省的副主教差。他看起来并不像是一副"失宠的"样子。谢尔盖主教成功地结束了他在俄国的宗教仕途——"在革命后，他改称为黑海主教，在这一职位上，他与白军一起撤退到塞尔维亚"。根据在塞尔维亚认识他的修士大司祭基普里安教授的说法，他在有关俄罗斯及其在俄罗斯活动的故事中从未提及过契诃夫。他并没有什么特别之处。

更符合主教彼得形象的是另一位圣者，塔夫里切斯基主教米哈伊尔——他在尘世的名字是米哈伊尔·格里班诺夫斯基。他出生于1856年，1884年毕业于彼得堡神学院。后成为基础神学院的副教授。还在大学时代他就过上了修士生活（在当时很少见）。在学院里，他是那群年轻的宗教狂热分子的灵魂，其中占据主要位置的有阿列克谢·赫拉波维茨基——未来的基辅都主教安东尼，以及瓦西里·别拉温——未来的大牧首季洪。"米哈伊尔的病情（肺结核）迫使他离开学院，他被任命为我们在雅典大使馆教堂的堂长（1890至1894年）。"后来他被召唤到圣彼得堡，并被任为塔夫里切斯基主教。他于1898年在这个职位上去世。他还是一些神学著作的作者。

> 他是一位有着高尚人格的人，我会说，甚至非常具有感染力：修道士面容的纯洁被他提升到了一个很高的高度；他的智慧深刻、光明，思想很明晰；他虔诚的信仰在他的著作《福音之上》当中可以很好地看到。
>
> 他平生经历中的许多特征在契诃夫一家人的身上也有所体现：出生在南方城市，曾在国外生活，知识渊博，当然还有他温顺和虔诚的面容。（摘自修士大司祭基普里安写给我的信）

契诃夫本人与米哈伊尔主教是相识的，但他们之间没有书信往来。彼得主教的生平经历无疑是从米哈伊尔主教那里借用过来的，而且整体的轮廓跟他也相符。总之，契诃夫很有可能从谢尔盖的生活中吸取了一些什么（教区管理的困难，下层神职人员的胆怯等）。非常了解契诃夫的布宁有一次曾对我说："在《主教》中他融合了一位塔夫里切斯基主教和自己的特征，而母亲的形象则取自叶甫盖尼娅·雅科夫列夫娜。"

这是非常可信的。而且不管怎样，彼得主教的形象是融贯着"诗人的心灵和想象力"的形象，他拥有着第二生命（神奇的，诗意的）。这不是某个主教的照相式特写。

译后记

鲍里斯·康斯坦丁诺维奇·扎伊采夫（1881—1972）自 1922 年起侨居欧洲，是 20 世纪俄罗斯侨民文学第一次浪潮的代表作家。扎伊采夫的文学创作有着深厚的白银时代文化根基，充满了印象主义特征，总是见地深入又不乏柔情地诉说着故土俄罗斯。《契诃夫传》是扎伊采夫所创作的俄罗斯文学名家传记三部曲中的最后一部，于 1954 年在契诃夫逝世 50 周年之际在纽约出版。如今，扎伊采夫创作的这部《契诃夫传》问世已近 70 年，特别是在当今我国市面上已有多部契诃夫传记和回忆录，其中更不乏著名、权威版本的情况下，译介这本书的价值何在呢？怀着这种疑问我译完了此书。对此我想说的是，这是一部值得一读的契诃夫传，自有其精妙之处。

首先，扎伊采夫的这部《契诃夫传》的体裁很有特色。它不是传统意义上的人物传记，而是一部传记小说。其中融入了作者鲜明的个人感情和文学色彩的渲染，再加上扎伊采夫特有的印象派手法，在轻描淡写中给人以深刻的感官印象，可以说塑造了一个生动的契诃夫形象。在传记中作家大量引用了契诃夫的日记，按照时间顺序记述了契诃夫的一生，再现了契诃夫所生活的 19 世纪下半期俄国社会和日常生活氛围，描绘了俄罗斯文化界名流的群像。在这部传记中，扎伊采夫没有面面俱到地复原作家的生平，而是以非常个人化的眼光重新审视契诃夫，专注于契诃夫的感情世界、道德人格和创作心理，试图破解深层的、隐秘流动的契诃夫的心灵本质和创作之谜。扎伊采夫很擅长选取契诃夫生平中的闪光点，通过这些小事来揭示契诃夫的心灵和品质，如传记中写道：在得知列维坦深受抑郁症折磨后，"契诃夫呢，这个被莉卡称为'冷漠'的人，立即跑去照顾他"。或是在霍乱时期志愿担任地方医院防疫医生的契诃夫一边在信中抱怨自己对于"所服务的这种疾病和这些人都是完全地漠不关心"，一边又"整日外出奔走，教农民们卫生保健措施，遍访地主和工厂主，为与霍乱抗争募集资金"。作者继而评论道："如果你只听他所说的话，就难以理解他为什么要做这一切。"凡此种种，让人仿佛触碰到了一个亲切而生动的契诃夫。

再者，这部《契诃夫传》的另一大亮点是其中包含了对于契诃夫作品的大量评论。书中涉及了二十余部契诃夫的小说和戏剧作品。与一般的文学评论不同，扎伊采夫的评论既包含一般性的描述、作品原文的引用、政论性的辩论，同时也与整体的传记背景融为一体，将文学评论与作家生平、感情经历、宗教意识相结合，具有很强的抒情性和个人感情色彩，也为读者们提供了一些崭新的视角。如扎伊采夫分析道，《三姐妹》中"到莫斯科去，到莫斯科去……"的台词不只是三位女主人公的呼唤，也是当时因病被困在雅尔塔的孤独的契诃夫的心声。而在小说《主教》中主教彼得母亲的形象则取自叶甫盖尼娅·雅科夫列夫娜——契诃夫母亲的形象。扎伊采夫对于《草原》《在峡谷里》《没意思的故事》《主教》《决斗》等作品有着很高的评价，并在其中看到了作者和主人公的宗教信仰的基础。扎伊采夫还着重关注了契诃夫的戏剧作品，在传记中较为详细地记述了契诃夫创作《海鸥》《三姐妹》《历尼亚舅舅》《樱桃园》的心理历程和美学追求。如扎伊采夫认为《海鸥》是契诃夫的核心作品：因为它既反映了作者的个人经历（与莉卡·米津诺娃的关系），又标志着契诃夫新戏剧的开端，即从日常生活的现实主义向象征主义美学的转变。

扎伊采夫印象派的修辞风格也给翻译带来了一些困难。总体来说，《契诃夫传》的行文中短句子多，语句零散，有口语的随意感，常见名词性短语的并置，十分典型的如传记结尾处的语句："Уходящая туча, капли с дерев, отдельные капли с неба, кусок радуги,...золото куполов, блеск крестов, ласточки, прорезавшие воздух, могила, толпа..."（文中译作：乌云在天空中飘散，水滴从树上、从天空中纷纷滴落……教堂的圆顶闪着金光，十字架闪闪发光，燕子划破天空高翔而过，坟墓，人群。）原文中省略了动词，将乌云、水滴、彩虹、教堂金顶、十字架、燕子、坟墓、人群等意象并置，从而形成了如中国古诗"枯藤老树昏鸦，小桥流水人家，古道西风瘦马"般的意境感，而在翻译过程中既要传达出印象派的留白意境与淡然美感，又要考虑到汉语的接受习惯，适当添加句子成分使读者读得懂。可以说，把扎伊采夫的文字翻译过来并不难，但想要将其文风文采与意境美感皆传达过来却不容易。在翻译此书之前我翻阅了国内出版的多部契诃夫传和契诃夫书信集，首先对于契诃夫生平的种种细节有了基本了解；对于传记中引用的契诃夫作品的原文片段，我也找来原文的上下文和现有译文对照后进行重译。尽管如此，译文中定有许多不妥乃至疏漏之处，还请读者不吝指教。此外，文中涉及的人名、地名繁杂，也给翻译和编辑工作带来了一些困难，感谢广西师范大学出版社的责编老师对译文认真细致的编校。

还要感谢我的恩师王立业先生推荐我翻译此书和对我的信任，虽然我的博士论文和博士毕业后的研究都与契诃夫无关，但王老师还记挂着我几乎未曾表露过的初心。

最后，我想说的是，这是一部有思想、有新意、也有温度的《契诃夫传》。真诚地希望读者朋友们能感受到扎伊采夫的创作魅力，也期待此书能带给您一些关于契诃夫的新感悟。

刘　溪

2023 年 5 月 1 日于北京师范大学

译名简释

阿布拉莫娃，玛丽亚·莫里采夫娜（1865—1892）：演员和剧院经理。

阿维洛娃，莉季娅·阿列克谢耶夫娜（1864—1943）：娘家姓斯特拉霍娃，小说家，回忆录《我生活中的安·帕·契诃夫》的作者。

阿达莫维奇，格奥尔吉·维克托罗维奇（1892—1972）：白银时代和俄侨文学诗人、批评家，《孤独与自由》（纽约，1955年）、《评述》（华盛顿，1967年）等著作的作者。

艾瓦佐夫斯基，伊凡·康斯坦丁诺维奇（1817—1900）：海景画家。

安德烈耶夫，列昂尼德·尼古拉耶维奇（1871—1919）：小说家、剧作家。

阿普赫京，阿列克谢·尼古拉耶维奇（1840—1893）：诗人。

阿尔焦姆（原姓阿尔捷米耶夫），亚历山大·罗季奥诺维奇（1842—1914）：自1898年起为莫斯科艺术剧院演员。

巴尔蒙特，康斯坦丁·德米特里耶维奇（1867—1942）：诗人，俄国象征主义领袖之一。

别洛乌索夫，伊凡·阿列克谢耶维奇（1863—1930）：诗人、小说家、翻译家，《逝去的莫斯科》《文学的莫斯科》《可怕的日子》等回忆录的作者。

斯托，哈里特·比彻夫人（1811—1896）：美国女作家，著名长篇小说《汤姆叔叔的小屋》（1852）的作者。

博尔特尼扬斯基，德米特里·斯捷潘诺维奇（1751—1825）：作曲家，新类型教堂合唱音乐的创立者。

布宁，伊凡·阿列克谢耶维奇（1870—1953）：小说家、诗人，诺贝尔文学奖获得者（1933）。

布连宁，维克多·彼得罗维奇（1841—1926）：小说家、剧作家、批评家，报纸《新时代》编辑。

贝利姆-科洛索夫斯基，叶夫根尼·德米特里耶维奇（1866—1934［35］）：位于卡卢加省的博吉莫沃庄园的所有者，1891年夏天契诃夫一家在他的庄园居住。

维什涅夫斯基，亚历山大·列昂尼多维奇（1861—1943）：莫斯科艺术剧院的主要演员之一。

加尔申，弗谢沃洛德·米哈伊洛维奇（1855—1888）：小说家、批评家。

豪普特曼，戈哈特（1862—1946）：小说家、剧作家，德国自然主义文学的领袖。

吉皮乌斯，季娜伊达·尼古拉耶夫娜（1869—1945）：婚后改姓梅列日科夫斯卡娅，诗人、小说家、批评家，象征主义思想家。

格拉戈利，谢尔盖·谢尔盖耶维奇（1855—1920）：原姓戈洛乌舍夫，医生、画家和政论家，"星期三文学小组"的积极参与者。

格里戈罗维奇，德米特里·瓦西里耶维奇（1822—1899）：小说家，回忆录作者，《文学回忆录》（1892—1893）的作者。格里戈罗维奇是契诃夫进入文学界最初的支持者。

达维多夫，丹尼斯·瓦西里耶维奇（1784—1839）：诗人、小说家，1812年卫国战争的参战英雄。

久科夫斯基，米哈伊尔·米哈伊洛维奇（1860–1902）：莫斯科市民学校学监，契诃夫一家的熟人。

佳吉列夫，谢尔盖·帕夫洛维奇（1872—1929）：戏剧活动家，

"艺术世界"艺术家协会的建立者之一。

叶芙列因诺娃，安娜·米哈伊洛夫娜（1844—1919）：《北方邮报》杂志的出版商。

叶尔帕季耶夫斯基，谢尔盖·雅科夫列维奇（1854—1933）：小说家、政论家，职业为医生。

叶尔莫洛娃，玛丽亚·尼古拉耶夫娜（1853—1928）：出色的悲剧演员，自1871年起成为莫斯科小剧院演员。

茹科夫斯基，瓦西里·安德烈耶维奇（1783—1852）：著名诗人。

伊奥尔丹诺夫，帕维尔·费多罗维奇（1858—1920）：塔甘罗格的卫生检查员，与安·帕·契诃夫通信。

卡拉姆津，尼古拉·米哈伊洛维奇（1766—1826）：小说家、诗人、历史学家。

卡尔波夫，叶夫季希·帕夫洛维奇（1857—1926）：1896至1900年间为彼得堡亚历山大剧院的主要导演。

修士大司祭基普里安（1899—1960）：原名克尔恩·康斯坦丁·埃杜阿尔多维奇，1936年至1960年间在巴黎神学院任教授。

基谢廖夫，帕维尔·德米特里耶维奇伯爵（1788—1872）：国务活动家，曾任国务委员、国有财产部长、俄国驻法国大使。

克尼碧尔–契诃娃，奥莉加·列昂纳尔多夫娜（1868—1959）：莫斯科艺术剧院演员（自1898年），安·帕·契诃夫的妻子，也是最早表演他剧作的女演员之一。

科米萨尔–热夫斯卡娅，维拉·费多罗夫娜（1864—1910）：女演员，1904年在亚历山大剧院确立了自己的象征主义戏剧方向。

科尼，安纳托利·费多罗维奇（1844—1927）：司法人员、文学家，关于伊·谢·屠格涅夫在彼得堡的葬礼和安·帕·契诃夫葬礼回忆录的作者。

科罗连科，弗拉基米尔·加拉克季昂诺维奇（1853—1921）：

小说家、政论家。

拉夫罗夫，武科尔·米哈伊洛维奇（1852—1912）：杂志《俄罗斯思想》的编辑、出版商（自 1880 年），安·帕·契诃夫在该杂志上发表了多篇小说。

拉德任斯基，弗拉基米尔·尼古拉耶维奇（1859—1932）：小说家，与契诃夫一家交好，契诃夫回忆录的作者。

列维坦，伊萨克·伊里奇（1860—1900）：著名画家。

列伊金，尼古拉·亚历山大洛维奇（1841—1906）：小说家、记者，1881 至 1905 年间为杂志《花絮》的编辑和出版商，安·帕·契诃夫在该杂志上发表了多篇小说。

列昂尼多夫，列昂尼德·米罗诺维奇（1873—1941）：莫斯科艺术剧院演员（自 1903 年），教育家。

莉琳娜，玛丽亚·彼得罗夫娜（1866—1943）：原姓佩列沃希科娃，莫斯科艺术剧院演员（自 1989 年），康·斯·斯坦尼斯拉夫斯基的妻子。

林特瓦列夫，格奥尔吉·米哈伊洛维奇（1865—1943）：钢琴家，亚·瓦·林特瓦列娃之子。

林特瓦列夫，帕维尔·米哈伊洛维奇（1861—1911）：地方自治局人士，亚·瓦·林特瓦列娃之子。

林特瓦列娃，亚历山德拉·瓦西里耶夫娜（1833—1909）：卢卡庄园的所有者（位于哈尔科夫省苏梅城的附近），契诃夫一家1888 年至 1890 年间夏天在此地度过。

林特瓦列娃，叶莲娜·米哈伊洛夫娜（1859—1922）：医生，亚·瓦·林特瓦列娃之女。

林特瓦列娃，季娜伊达·米哈伊洛夫娜（1857—1891）：医生，亚·瓦·林特瓦列娃之女。

林特瓦列娃，娜塔莉娅·米哈伊洛夫娜（约 1863—1943）：中学教师，亚·瓦·林特瓦列娃之女。

罗蒙诺索夫，米哈伊尔·瓦西里耶维奇（1711—1765）：著名科学家、语言学家、哲学家和诗人。

马明，德米特里·纳尔基索维奇（1852—1912）：笔名西比里亚克，小说家、剧作家。

马蒙托夫，萨瓦·伊凡诺维奇（1841—1918）：企业主，戏剧活动家；1885 年于莫斯科建立私人歌剧院。

马克斯，阿多利夫·费多罗维奇（1838—1904）：自 1869 年起为图书出版人，自 1870 年起发行当时在俄罗斯最为流行的杂志《田地》。

梅列日科夫斯基，德米特里·谢尔盖耶维奇（1865—1941）：小说家、诗人、哲学家、文学史家、象征主义理论家、翻译家。

梅特林克，莫里斯（1862—1949）：比利时剧作家、象征主义诗人、批评家，世界戏剧中的杰作《青鸟》的作者，该剧于 1908 年在莫斯科艺术剧院首演。诺贝尔文学奖获得者（1911 年）。

米津诺娃，莉卡·斯塔希叶夫娜（1870—1937）：玛·帕·契诃娃和安·帕·契诃夫的女性好友（保存了契诃夫写给"美丽的莉卡"的 67 封信和自己写给契诃夫的 98 封信）。

米罗柳波夫，维克多·谢尔盖耶维奇（1860—1939）：文学家、出版人。科普性及文学性期刊《全民杂志》（1898—1906）的编辑，自 1910 年为高尔基的《知识》出版社编辑，1914 至 1917 年间出版《文学、科学和社会生活月刊》。

米哈伊尔（1856—1898）：尘世姓名为米哈伊尔·米哈伊洛维奇·格里班诺夫斯基，神学作家，彼得堡神学院毕业；曾担任普里卢基教区、卡希拉教区、塔夫里切斯基教区、辛菲罗波尔教区主教。

米哈伊洛夫斯基，尼古拉·康斯坦丁诺维奇（1842—1904）：政论家、社会学家、文学批评家、土壤派理论家。1892 年至 1904 年为《俄罗斯财富》杂志的编辑。

莫斯克温，伊凡·米哈伊洛维奇（1874—1946）：莫斯科艺术剧院演员（自 1898 年）。

纳德森，谢苗·雅科夫列维奇（1862—1887）：诗人。

涅克拉索夫，尼古拉·阿列克谢耶维奇（1821—1877）：俄国革命民主派诗人，政论家、编辑。1847 年以后，《现代人》杂志在涅克拉索夫的领导下成为俄国进步文学的中心。

聂米罗维奇－丹钦科，弗拉基米尔·伊凡诺维奇（1858—1943）：导演、剧作家、小说家、批评家，莫斯科艺术剧院建立者（与康·斯·斯坦尼斯拉夫斯基一同），戏剧革新家。

奥斯特罗乌莫夫，亚历山大·亚历山大洛维奇（1844—1908）：内科医生，医学学术流派的建立者。

普列谢耶夫，阿列克谢·尼古拉耶维奇（1825—1893）：诗人，安·帕·契诃夫才华最初的崇拜者。现存两者相互通信的契诃夫的 60 封信件和普列谢耶夫的 53 封信件。

波连诺夫，瓦西里·德米特里耶维奇（1844—1927）：巡回展览画派画家，抒情风景画大师。

波谢，弗拉基米尔·阿列克谢耶维奇（1864—1940）：记者和社会活动家；杂志《生活》《新词语》的组织者和编辑，《知识》出版社的建立者之一。

波塔片科，伊格纳季·尼古拉耶维奇（1856—1929）：小说家，安·帕·契诃夫回忆录的作者。

罗克桑诺娃，玛丽亚·柳多米罗夫娜（1858—1903）：记者、戏剧评论家。

萨尔蒂科夫－谢德林，米哈伊尔·叶夫格拉福维奇（1826—1889）：俄国讽刺作家，批评家。1848 年因发表抨击沙皇制度的中篇小说《错综复杂的事件》被捕流放。

萨宁，亚历山大·阿基莫维奇（1869—1956）：莫斯科艺术剧院演员和导演。

谢尔格延科，彼得·阿列克谢耶维奇（1854—1930）：文学家、政论家，自认为是列夫·托尔斯泰的朋友。

斯基塔列茨（1869—1941）：原名彼得罗夫·斯捷潘·加夫里洛维奇，小说家。

斯克利福索夫斯基，尼古拉·瓦西里耶维奇（1836—1904）：外科医生，医学革新者。

索洛夫措夫，尼古拉·尼古拉耶维奇（1857—1902）：演员、导演、剧院业主；建立了索洛夫措夫剧院——位于基辅，上演过契诃夫剧目的俄罗斯话剧院。

索洛维约夫，弗拉基米尔·谢尔盖耶维奇（1853—1900）：哲学家、诗人、政论家。

斯坦尼斯拉夫斯基，康斯坦丁·谢尔盖耶维奇（1863—1938）：原姓阿列克谢耶夫，演员、导演、戏剧理论家和革新家，莫斯科艺术剧院的建立者（与弗·伊·聂米罗维奇-丹钦科一起）。

苏沃林，亚历山大·谢尔盖耶维奇（1834—1912）：《新时代》《历史公报》杂志的记者和出版商，以及小说集、学术著作、参考书选集的编辑。

苏沃林，阿列克谢·阿列克谢耶维奇（1862—1937）：记者，自1888年起领导报刊《新时代》。亚·谢·苏沃林之子。

苏沃林娜，安娜·伊凡诺夫娜（1858—1936）：亚·谢·苏沃林的第二任妻子。

捷列绍夫，尼古拉·德米特里耶维奇（1867—1957）：小说家、回忆录作者，"星期三文学小组"的建立者。

季姆科夫斯基，尼古拉·伊凡诺维奇（1863—1922）：小说家、剧作家。

季霍米罗夫，伊奥萨法特（伊奥萨夫）·亚历山大洛维奇（1872—1908）：莫斯科艺术剧院的演员和导演。

季洪，扎东斯基（1724—1783）：著名教会人士和神学作家。

乌斯宾斯基，格列布·伊凡诺维奇（1843—1902）：小说家，

《遗失街风习》《土地的威力》等特写集的作者。

霍佳因采娃，亚历山德拉·亚历山德罗夫娜（1865—1942）：女画家，契诃夫家的熟人。

胡杰科夫，谢尔盖·尼古拉耶维奇（1837—1928）：《彼得堡报》的编辑，出版人。

契诃夫，格奥尔吉·米特罗凡诺维奇（1870—1943）：安·帕·契诃夫的堂弟。

契诃夫，叶戈尔·米哈伊洛维奇（1798—1879）：安·帕·契诃夫的祖父。

契诃夫，伊凡·帕夫洛维奇（1861—1922）：安·帕·契诃夫的弟弟，教员。

契诃夫，米哈伊尔·帕夫洛维奇（1865—1936）：小说家、回忆录作者。安·帕·契诃夫的弟弟和其第一部传记的作者。

契诃夫，米特罗凡·叶戈洛维奇（1832—1894）：安·帕·契诃夫的叔叔。

契诃夫，尼古拉·帕夫洛维奇（1858—1889）：安·帕·契诃夫的哥哥，画家。

契诃夫，帕维尔·叶戈洛维奇（1825—1898）：安·帕·契诃夫的父亲。

契诃娃（莫罗佐娃），叶甫盖尼娅·雅科夫列夫娜（1835—1919）：安·帕·契诃夫的母亲。

契诃娃，玛丽亚·帕夫洛夫娜（1863—1957）：回忆录作者、文献学者，安·帕·契诃夫的妹妹和助手。在哥哥去世以后对他的手稿和信件进行整理，筹备出版。1921至1957年间担任安·帕·契诃夫雅尔塔故居纪念馆的馆长。

舍斯托夫（什瓦尔茨曼），列夫·伊萨科维奇（1866—1938）：哲学家、政论家，自1922年至1936年在巴黎大学担任文学教授。

谢格洛夫，伊凡·列翁季耶维奇（1856—1911）：原姓列翁季耶夫，小说家、剧作家、戏剧家，安·帕·契诃夫回忆录的作者。

谢普金娜-库佩尔尼克，塔基亚娜·利沃夫娜（1874—1952）：小说家、剧作家、翻译家，契诃夫一家的朋友。伟大的戏剧演员米·谢·谢普金的曾孙女。

埃夫罗斯，尼古拉·叶菲莫维奇（1867—1923）：记者、戏剧批评家、戏剧史研究者，《莫斯科艺术剧院（1898—1923）》《康·谢·斯坦尼斯拉夫斯基，特征经验》等论著，以及安·帕·契诃夫剧作上演剧目评论的作者。

尤仁（苏姆巴托夫），亚历山大·伊凡诺维奇（1857—1927）：出色的演员，剧作家；1909 至 1925 年间担任小剧院的领导者。

亚辛斯基，伊耶罗尼姆·伊耶罗尼莫维奇（1850—1931）：笔名马克西姆·别林斯基，小说家，杂志《每月文章》（1901—1902）、《谈话》（1903—1908）、《新词语》（1908—1914）的编辑。

我思，我读，我在
Cogito, Lego, Sum